Inhalt

VORWORT.
SPERRIGE BILDER UND DAS REICH GOTTES

And I know Martin Eden's
Gonna be proud of me
And many before me
Who've been called by the sea
To be up in the crow's nest
Singin' my say
Shiver me timbers
‚Cause I'm a-sailin' away
(Tom Waits, Shiver me timbers)

Während ich diese Zeilen schreibe, sitze ich in einem kleinen Zimmer einer wirklich guten Rehaklinik, und zwar direkt hinter dem Deich. Über mir kreischen die Möwen, Wind weht mir durch die Haare und die Ostsee brandet schaumgekrönt und rauschend ans Ufer. Hinter dem Deich habe ich freien Blick auf das Meer, das seit Jahrhunderten ein Bild für die Sehnsüchte und Träume, aber auch für die Gefahren und Abschiede des Lebens ist. Maler, Komponisten und Schriftsteller haben das verstanden und die Kraft dieses Bildes in wunderbare Gemälde, Songs und Bücher umgesetzt. Jedes Einzelne dieser Kunstwerke erzählt etwas von der Faszination, aber auch der Gefahr des Meeres. Es trägt uns, und wir können darin untergehen.

Ein gutes Bild vom Reich Gottes sollte genau das auch tun: uns dessen Schönheit, aber auch seinen Anspruch zeigen, uns bestärken, aber auch herausfordern. Das Buch, das du gerade in Händen hältst, tut genau das. Es zeichnet Bilder vom Reich Gottes, die dir bisher vielleicht noch nicht in den Sinn gekommen sind. Diese Bilder sind hervorragend geeignet, um einmal anders über Gott nachzudenken als gewohnt.

Mickeys Geschichten zeigen auf verschiedene Weise die gute alte Wahrheit, dass das Reich Gottes sich längst mitten unter uns befindet.

Mickey selbst hat eine Weite, die sperrigen Gegensätze im Reich Gottes zu fassen und in Bilder zu übersetzen.

Ich wünsche dir Segen für deine eigene Reise in die Weite!

Grömitz, im April 2012
Kathrin Höhl

Kathrin bloggt auf *http://inspiriertleben.wordpress.com*

EINFÜHRUNG

„Die Zeit ist erfüllt und das Reich Gottes ist nahe gekommen!" (Markus 1,15)

Mit dieser guten Nachricht auf den Lippen spazierte Jesus über diese Erde und tat allerlei wunderbare Dinge. Er bezeichnete das Herannahen des Gottesreichs als eine solch gute Nachricht, dass es unbedingt erforderlich sei, von seinem bisherigen Lebensweg abzulassen und anders zu leben. Ich finde, das ist Grund genug, darüber Bücher zu schreiben und diese frohmachende Botschaft immer wieder neu in die Umwelten moderner Menschen hinein zu aktualisieren. Dieses Buch ist eins davon und versucht das mit Bildern, die mir im Laufe der Zeit gekommen sind, wenn ich an das Reich Gottes gedacht und den Menschen, denen ich begegnet bin, davon vorgeschwärmt habe.

Aber ein ganzes Buch nur mit Gleichnissen über das Reich Gottes? Kann man nicht auch Gleichnisse von anderen Dingen erzählen? Ja, das kann man sicherlich. In seiner programmatischen Antrittsrede in Nazareth (Lukas 4,18) aber zitierte Jesus am Anfang seines Dienstes Jesaja 61,1–3 und erklärte das Weitersagen der frohmachenden Botschaft vom Herannahen des Reiches Gottes als seinen wichtigsten Dienst. Vor allem Asylanten, Obdachlosen, Aussätzigen, Straßenkindern und Einsamen, kurzum allen „Elenden" (das hebräische Wort in Jesaja 61 meint Menschen, die nicht zu Israel gehören, weil sie kein Land besitzen), soll die gute Nachricht mitgeteilt werden, dass sie nicht mehr ausgegrenzt sind, sondern durch Gottes Liebeswillen dazugehören. So wird die Botschaft vom Reich Gottes jedenfalls in Jesaja 52,7 beschrieben: „Dein Gott herrscht als König!"

Nun lässt uns der deutsche Begriff „Reich Gottes" ja eher an einen räumlich abgegrenzten Bereich denken, eine Zuflucht, in der wir sicher sind, so wie unsere Gemeinderäume, in die wir uns allzu oft zurückziehen. Da grenzen wir uns von anderen ab, die „böse Welt" kann uns nichts mehr tun. Aber das heißt doch leider auch, dass die „liebe Gemeinde" der „bösen Welt" auch nichts mehr tun kann. Im Griechischen steht für Reich Gottes aber „basileia tou teou" und im Hebräischen „malkuta di jahwe". Beide Begriffe bezeichnen vor allem das König-Sein Gottes und den Vollzug des König-Seins, nämlich die Herrschaft Gottes. Reich Gottes ist also von seinem Ursprung her, so wie Gott sich das gedacht hat, mehr ein Beziehungsbegriff als ein räumlich abgegrenztes Gebiet. Deswegen beginne ich in diesem Buch auch jedes Gleichnis mit derselben Einleitungsformel:

„Mit was wollen wir das Reich Gottes heute vergleichen? Das Reich Gottes ist die Art und Weise, wie Gott mit den Menschen umgeht. Das passiert da, wo wir leben. Es ist mitten unter uns und will von dir entdeckt werden. Wenn du wissen willst, wie es ist, dann denk doch zum Beispiel mal an ..."

Und dann kommt der Vergleich, der den Leser oder den Zuhörer zum Nachdenken über einen Aspekt des Reiches Gottes anregen soll.

In Lukas 17,21 sagt Jesus: „Denn siehe, das Reich Gottes ist mitten unter euch." Was war denn da los, als er das sagte? Was gab es zu sehen? Jesus war da, seine Jünger waren da und die Pharisäer waren auch da, eine Gruppe von Menschen also, die miteinander in Beziehungen standen. Wenn das Reich Gottes mitten unter ihnen war, dann bedeutet das, übertragen auf unseren Alltag, dass dieses Reich Gottes vor allem in den Beziehungen, die wir leben, existiert. Das war ja auch eines der letzten Gebetsanliegen Jesu (Johannes 17), dass die Welt an der Liebe, die seine Christen untereinander haben, die Realität der Herrschaft Gottes erkennen soll. Das heißt für mich ganz praktisch, dass ich da, wo ich lebe, auf meine Beziehungen achte, viel mit Leuten herumhänge und den Ruf in Kauf nehme, das Leben nur von der „leichten Seite" anzugehen. Und ich kann euch sagen, dass mir das bis heute immer wieder vorgeworfen wird.

Ich versuche das aber zunehmend als Auszeichnung zu empfinden, denn schließlich hat man Jesus auch ständig vorgeworfen, den Ernst des Lebens nicht ernst genug zu nehmen und ein Fresser und Weinsäufer zu sein. Einmal habe ich mich mit einer Jugendlichen, die sich von Jesus entfernt hatte, lange Zeit immer wieder in meinem Büro in der Gemeinde zum Gespräch getroffen. Ich habe ihr zugehört, wenn sie von ihren „wilden" Erfahrungen mit Drogen, Sex und düsterem Rock 'n' Roll erzählte und wir haben dabei mehr Kuchen gegessen und Kaffee getrunken, als seelsorgerliche Schritte zu unternehmen. In dieser Zeit wurde ich immer wieder von wohlmeinenden Geschwistern und Leitern gefragt, ob ich denn damit vorankomme, ihr klarzumachen, dass sie ihr Leben total in Sünde lebe. Und ich habe Ja gesagt und hab damit auch nicht gelogen. Ja, das Reich Gottes ist nicht „Essen und Trinken", sagt Paulus, aber er meint damit, dass es sich nicht in Geboten und Verboten erschöpft, „sondern Gerechtigkeit und Friede und Freude im Heiligen Geist (ist). Denn wer in diesem dem Christus dient, ist Gott wohlgefällig und den Menschen bewährt" (Römer 14,17f.). Und nach fast einem Jahr des Kaffeetrinkens, Kuchenessens, Zuhörens und Zu-Hause-für-sie-Betens (was ich ihr auch gesagt habe) brachte sie ihr Leben wieder unter die Herrschaft Gottes, weil ihr das Reich Gottes die ganze Zeit in unseren Gesprächen und durch unsere Beziehung nahe gewesen war.

Ich bin davon überzeugt, dass sich überall da Reich Gottes in meinem Alltag ereignet, wo ich von ganzem Herzen den Menschen, denen ich begegne, etwas davon zuteilwerden lasse, was Gott in mich hineingeliebt hat. Natürlich sollen und dürfen wir unsere Meinung zu bestimmten Dingen und Themen klar sagen, aber wir müssen nicht unter diesem massiven Druck stehen, alles richtig zu machen und verzweifelt Bekehrungen erzeugen zu müssen. Das ist nicht unser Job! Wer bekehrt einen Menschen? Es ist Gott persönlich. Und was an ihm bewirkt die Bekehrung? Etwa Gottes Macht und Größe? Oder sein Richtersein? Nein. Es ist seine Barmherzigkeit. Paulus schreibt in Römer 2,4 ganz eindeutig: „Oder verachtest du den Reichtum seiner Gütigkeit und Geduld und Langmut und weißt nicht, dass die Güte Gottes dich zur Buße leitet?" Und dieses Wort „leiten" meint ein ganz sanftes Mitnehmen, ein Begleiten, ohne Gewalt. Und wenn wir Jesus immer ähnlicher werden, dann können wir uns davon auf jeden Fall immer noch eine gute Scheibe abschneiden.

Aber schon ein kleines Stück vom Reich Gottes, sagt Jesus in Lukas 13 im Gleichnis vom Sauerteig, durchsäuert eine dreifache Menge von trockenem, staubigen Mehl und macht daraus einen nahrhaften, genießbaren Teig, der in der Hitze der Alltagsgefechte gebacken wird. Ich habe einmal irgendwo eine Geschichte gehört, in der ein Mann morgens in der U-Bahn bewusst einen Menschen ohne besonderen Grund einfach angelächelt hat. Danach fingen sie beide an, zwei weitere Menschen anzulächeln, und so pflanzte es sich den ganzen Tag lang fort. Und am Abend legte sich die ganze Stadt, in der sie wohnten, mit einem glücklichen Lächeln und einer zufriedeneren Seele ins Bett. Das versuche ich seitdem ebenfalls jeden Tag zu tun, weil ich zutiefst davon überzeugt bin, dass das Beste, was man an einem Tag tun kann, eben das ist: als mobiles Segnungszentrum durch die Gegend zu laufen! Ich finde, dann hat sich der Tag schon gelohnt, auch wenn du dabei (Achtung! Pastoren weglesen!) wichtige Gemeindesitzungen verpasst. Darum versuche ich in meinem Alltag immer mehr einen Lebensstil des Feierns zu leben (vgl. Matthäus 22,1–10 und Lukas 14,15–24) und jede Begegnung mit einem Menschen zu etwas Besonderem zu machen. Ich lade die Jugendlichen, mit denen ich arbeite, und auch die Erwachsenen gerne zu mir nach Hause ein. Da gibt es dann für alle genug zu essen und zu trinken, alle haben Platz und niemand wird ausgeschlossen, wir haben viel Spaß miteinander, und wenn wir nach Hause gehen, tragen wir einen Lebenssamen im Herzen (Matthäus 13,32).

Denn schließlich ist ein Fest, das mehr ist als bloße Erholung vom grauen Alltag, die Feier eines guten Lebens für alle Menschen nämlich, vielleicht das treffendste Bild für das Reich Gottes. Die Gleichnisse vom Hochzeits- bzw. Festmahl können meines Erachtens sogar als Muster dienen zum rechten Verständnis aller Aussagen Jesu über das Reich Gottes. Denn Reich Gottes meint, dass Gott in allen Bereichen der Wirklichkeit Gott ist, damit die Welt dem Menschen eine menschliche Heimat wird. Und in diesen ganzen Gleichnissen über das Feiern sind ja auch klare Worte der Abgrenzung enthalten, die den meisten Leuten auch klar sind. Man weiß doch eigentlich, wie man sich auf einem Fest verhalten soll, und man weiß auch, wie die Gastgeber sich verhalten werden, wenn man das nicht respektiert. Reich Gottes im Alltag praktisch zu leben und zu erleben bedeutet eigentlich nichts anderes, als den konkreten, radikalen Versuch, Jesus nachzuahmen. Und da könnten wir ruhig auch mal häufiger Veranstaltungen machen mit Titeln wie „Essen wie Jesus", „Feiern wie Jesus" und dergleichen mehr.

Jesus hatte den Auftrag, die ganze Welt zu retten (1.Timotheus 2,4), und er hat diesen Auftrag mit drei Maßnahmen begonnen: Er suchte sich Freunde, er verbreitete gute Nachrichten, er heilte Kranke und trieb Dämonen aus. Wenn ich also in der Begegnung mit Menschen von Krankheiten und Schmerzen höre, versuche ich immer, all meinen Mut zusammenzukratzen und, anstatt einer bloßen Mitleidsbekundung, ein Gebet anzubieten. Und wenn ich auch nicht jeden Tag in die Verlegenheit einer Dämonen-Austreibung komme, schaffe ich schon fast jeden Tag eine Dämonen-Vertreibung: Dämonen der Unlust, Angst, Depression, Lüge usw. vertreibe ich mit dem Aussprechen der Wahrheit des Wortes Gottes, einer bewusst fröhlichen Ausstrahlung und einem guten Scherz auf den Lippen (Matthäus 12,28).

Humor gehört nämlich, meine ich, auf alle Fälle zum Reich Gottes im Alltag.

Das habe ich unter anderem von Evagrius Ponticus gelernt, der 345 n. Chr. in Ibora, einer kleinen Stadt in der Nordtürkei, geboren wurde. Er war ein begnadeter und berühmter Prediger in Konstantinopel, bis er durch eine Liebesaffäre zu Fall kam, krank wurde, nach Jerusalem pilgerte und dort den Rest seines Lebens als Mönch verbrachte. Er ist der Verfasser des sogenannten Antirrheticos (Sammlung von Gegenworten), in dem er über 600 negative „dämonische" (also dem Reich Gottes entgegenstehende) Gedanken aufschrieb und ihnen jeweils ein Bibelwort entgegengesetzt hat (s. a. Anselm Grün, Einreden, Vier-Türme-Verlag 2001). Und er kämpfte auf durchaus humorvolle Weise mit den „Dämonen". So versuchte einmal ein Dämon, den er den Mittagsdämon nannte, ihn dazu zu bringen, sein Versprechen Gott gegenüber zu brechen und seine Einsiedlerklause zu verlassen. Evagrius stimmte zu und sagte: „Gut, ich werde es tun. Aber erst will ich noch essen und dann beten und dann werde ich es tun." So kämpfte er immer wieder und Tag um Tag mit dem Dämon, bis er von ihm abgelassen hat.

Alles in allem glaube ich, dass wir es uns nicht zu schwer machen dürfen, wenn es darum geht, das Reich Gottes in unserem Alltag praktisch auszuleben. Dazu möchte ich mit meinem Buch einen Beitrag leisten, und darum habe ich auch einen Song von Carola Laux, die ich neulich nachts, als ich nicht schlafen konnte, beim Zappen kennengelernt habe, zu meiner neuen Lieblingshymne gemacht:

„Engel sein ist gar nicht mal so schwer!
Denk dir, was du brauchst, und gib es her.
So vermehrt die Liebe sich im Nu
und das Glück hält dich fest im Arm!"

In diesem Sinne verkaufe alle deine alten Vorstellungen über die ernsthafte Schwere des Reiches Gottes, schnapp dir den Schatz und mach dich vom Acker (Matthäus 13,44)!

VON DER MACHT DER GESCHICHTEN

Geschichten sind Bilder in einem Sprachrahmen. Im Gegensatz zu Ratschlägen legen sie dem Betrachter keine Verpflichtung auf. Geschichten mit ihrem spielerischen Charakter, ihrer Nähe zur Fantasie, Intuition und Irrationalität stehen in offenkundigem Gegensatz zu den zweckrationalen, technologischen Vorbildern der modernen Leistungsgesellschaft. Mein lieber Lehrer, Professor Dr. Nossrat Peseschkian, der Begründer der Positiven Psychotherapie, hat immer gesagt: „Geschichten sind wie Medikamente mit Depotwirkung. Sie enthalten Bezüge zu innerseelischen, zwischenmenschlichen und gesellschaftlichen Inhalten und Vorgängen und bieten Lösungsmöglichkeiten an. Losgelöst von der unmittelbaren Erfahrungswelt des ‚Patienten', seinen Widerständen gegenüber der Aufdeckung seiner Schwächen, hilft das Beispiel in der Geschichte, eine veränderte Beziehung zu den eigenen Konflikten zu gewinnen."

Auch Jesus erzählt immer wieder Geschichten vom Reich Gottes, von der Art und Weise, wie Gott mit den Menschen umgeht. Einmal wird er gefragt: „Wer ist mein Nächster?" Er hätte antworten können: „Jeder." Kurze Frage, kurze Antwort. Aber er tut es nicht, sondern er erzählt eine Geschichte: Ein Mann wird ausgeraubt, verprügelt und halbtot liegen gelassen. Als ein Priester ihn sieht, geht er einfach vorüber, genauso ein Levit. Erst der reisende Samariter wird, so erzählt es Jesus, „innerlich bewegt" vom Anblick des blutenden Opfers. Er verbindet ihm die Wunden, setzt ihn auf sein Reittier und bringt ihn in eine Herberge, wo er für seine Pflege bezahlt.

Zweitausend Jahre später verbinden selbst Nicht-Bibelleser mit dem Begriff „barmherziger Samariter" Nächstenliebe und Mitgefühl. Jesus hat eine Geschichte erzählt, anstatt bloß „Jeder" zu antworten, und die Geschichte berührt uns. Jesus weiß: Eine Geschichte ist keine Zeitverschwendung. Sie ist mächtig und wirkungsvoll. Er erzählte oft Geschichten. Nachdem Matthäus das Gleichnis vom Sauerteig berichtet hat, flicht er eine interessante Nebenbemerkung ein: „Jesus benutzte immer wieder solche Beispiele, wenn er zu den Menschen sprach. In keiner seiner Predigten fehlten sie" (Matthäus 13,34, nach „Hoffnung für alle").

Um Missverständnissen vorzubeugen: Ich glaube, dass die Bibel Tatsachen berichtet. Ich glaube jedes einzelne Wunder. Aber gab es den Mann wirklich, der den Schatz im Acker gefunden hat? Oder das Festmahl, das der König für die Bettler ausrichtete? Wenn Jesus etwas erklären wollte, hat er dazu beinahe jedes Mal eine neue Geschichte erfunden, die mit den Herzen und Gedanken der Zuhörer „ein Fleisch wurde".

„Avatar – Aufbruch nach Pandora". Neytiri hält Jake Sully in den Armen, die Schlacht ist gewonnen. Sie sagt zärtlich: „Ich sehe dich." Wir wischen uns Tränen aus den Augen. Der ganze Kinosaal schweigt gerührt.

„Gladiator". Commodus zwingt den Gladiator, die Maske herunterzunehmen und seinen Namen zu nennen. Der gehorcht, und im ganzen Circus Maximus fallen den Zuschauern die Kinnladen herunter. „Mein Name ist Maximus Decimus Meridius, Kommandeur der Truppen des Nordens, Tribun der spanischen Legion, treuer Diener des wahren Imperators Marcus Aurelius ..."

„Gladiator" lief vor mehr als zehn Jahren im Kino und ich habe Maximus' Worte immer noch im Ohr. Filmszenen, die wir auch nach Jahren nicht vergessen. Und es gibt viele, viele andere Beispiele. Wie die beiden Männer im Nebel, und einer sagt: „Louis, ich glaube dies ist der Beginn einer wunderbaren Freundschaft" (Casablanca) oder zwei andere Männer im Dunkel, und einer sagt: „Na gut, wirf mich. Aber sag's nicht dem Elb" (Der Herr der Ringe). Allein solche kurzen Sätze lassen unwillkürlich ganze Szenen in meinen Gedanken entstehen. Wie kommt es nur, dass wir uns nicht merken können, dass wir noch Milch kaufen sollten, aber solche Filmzitate fest verankert sind in unseren Erinnerungen? Ganz einfach: Sie haben uns emotional berührt.

Nossrat Peseschkian hat darum Geschichten, Sinnsprüche und Parabeln als Wiederentdeckung alter orientalischer Gebräuche sogar direkt in den psychotherapeutischen Prozess integriert. Aus der Kulturgeschichte des Orients wird ja überliefert, dass Geschichten, Gebete und Parabeln als „Behandlungsmethode" angewendet wurden, um „Geistesgestörte" zu heilen oder deren Krankheiten zumindest zu mildern. Wenn unsere Predigten und unsere „evangelistischen" Gespräche denselben Effekt erzeugen könnten, wäre meines Erachtens schon viel gewonnen. Statt Menschen immer wieder auf das aufmerksam zu machen, was ihnen sowieso schon bewusst ist, sollten wir lieber die Ressourcen unserer Zuhörer mobilisieren und ihre Sehnsüchte nach einem besseren Leben wecken.

Wenn man an gute Predigten denkt, die man gehört hat: Woran kann man sich erinnern? Mich rühren Geschichten immer besonders an. Es sind nicht Fakten, die unser Herz zur Umkehr bewegen. Es ist die Liebe, die aus Gottes Handeln spricht. Ein Gefühl. Um uns dieses Gefühl nahezubringen, erzählt Jesus im Gleichnis vom verlorenen Sohn, wie der Vater dem Sohn entgegenrennt.

Interessant ist, dass Jesus uns in seinen Geschichten den Blick auf das Böse, auf die Sünde, nicht erspart. Da werden die Knechte erschlagen, die zum Weinberg gehen, und am Ende sogar der Sohn. Einer verprasst sein Erbe. Jemand wird beraubt und fast zu Tode geprügelt. Jesus öffnet uns die Augen für die Wirklichkeit. Er zeigt uns die Folgen der Sünde, anstatt uns ein sauberes Leben zu erzählen, das es nicht gibt, hier, mitten im Kampf zwischen den Welten.

Nicht nur von der Rebellion gegen Gott erzählt Jesus. Er rückt auch unsere Vorstellung vom Schöpfer gerade. Der mächtige Gott macht sich wie ein Hirte auf die Suche nach einem einzigen verlorenen Schaf. Er will sich freuen mit seinen Geschöpfen, er lädt zum Festmahl ein, will Hochzeit feiern mit uns. So nahe will er uns sein, dass er sich mit einem Rebstock vergleicht, der seinen Trauben nährende Säfte zuführt. Wir sollen freundlich mit unseren Mitmenschen umgehen, sollen Verletzungen vergeben und in einer geschmacklosen Welt das Salz sein.

In den Geschichten von Jesus geht es um Ehrlichkeit gegenüber Gott, um Mut und das Einsetzen dessen, was wir an Fähigkeiten erhalten haben. Jesus erklärt auf neue Weise, was er damit meinte, als er uns am Anfang der Zeit zu „Hütern dieser Erde" ernannte: Verantwortung übernehmen, dienen, etwas wagen, anstatt aus Angst seine Talente im Boden zu vergraben. Das Reich Gottes mag klein erscheinen wie ein Senfkorn. Dennoch hat es die Kraft, Betonplatten zu durchbrechen. Jesus weiß, dass er die Alltagsthemen seiner Zuhörer berühren muss, wenn er von seinen Zuhörern verstanden werden will. Er erzählt vom Hausbau und vom Weinanbau, vom Backen und Heiraten und Schafe hüten. Es geht in seinen Geschichten um den Bau von Verteidigungstürmen und Krieg, um die unbeliebten Zöllner und die verachteten Samariter, um eine Witwe, geflickte Kleider und einen König. Er trifft ihre Lebenswirklichkeit. Geschichten sind ein mächtiges Instrument. Über die Emotionen gehen sie direkt ein in den Erfahrungsschatz der Zuhörer. Der ungerechte Verwalter macht uns wütend. Was der Hirte für das verlorene Schaf tut, tröstet uns.

Vielleicht können wir die Menschen heute genauso mit Geschichten berühren? Wir kennen ihre Alltagswelt, weil es unsere ist. Wir kennen ihre Sehnsüchte und ihre Sorgen – wir fühlen sie genauso. Alles, was wir brauchen, haben wir! Machen wir es Jesus nach. Erzählen wir den Menschen Geschichten, die in ihnen die Sehnsucht nach dem Reich Gottes wecken. Erzählen wir ihnen moderne Gleichnisse, die aufzeigen, dass das Reich Gottes unsichtbar mitten unter uns entdeckt werden will.

Die Gleichnisse vom Reich Gottes in diesem Buch sprechen die bildliche Vorstellungskraft der Menschen an und wirken über die „rechte Hirnhemisphäre" auf das vegetative Nervensystem. Die so erzeugten inneren Bilder begleiten den Prozess jeden Standortwechsels von alten hin zu neuen Verhaltensmustern. Die Gleichnisgeschichten können in diesem Zusammenhang neun „therapeutische", das heißt „heilende", bzw. „evangelistische", das heißt „frohmachende", Funktionen haben:

1. Spiegelfunktion

Eine Geschichte kann in der Darstellung einer ähnlichen Problemsituation die eigene Konfliktsituation spiegeln, wie z. B. die Gleichnisse „Liebesaffäre", „Blinder Aktionismus" oder „Unfall". Menschen, die diese Gleichnisse hören, können zu distanziertem Nachdenken über die eigenen Konflikte angeregt werden.

2. Modellfunktion

Eine Geschichte kann zum „Probehandeln" ermutigen, wie z. B. die Gleichnisse „Fair-Trade-Schokolade", „Weisheit der Vielen" oder „Abendessen". Die modellhaft geglückten Problemlösungen dieser Gleichnisse können für die Menschen einen Vorbildcharakter gewinnen.

3. Mediatorfunktion

Geschichten können belastende und angstbesetzte Bereiche sozusagen „ich-fern" ansprechen, ohne einen „Frontalangriff" auf die Überzeugungen des Menschen zu bedeuten, der mir zuhört. Die schonende Form der Mitteilung erleichtert es Menschen, Vertrauen zu fassen und sich ein probeweises

Aufgeben ihrer bisherigen Abwehrmechanismen zu erlauben. Die Gleichnisse „Müllsortieranlage" oder „Schnellreinigung" können diesen Effekt erzielen.

4. Depotwirkung

Durch ihre Bildhaftigkeit haben Geschichten einen hohen Erinnerungswert und wirken im Alltagsleben weiter, wie z. B. die Gleichnisse „Busen deiner Mutter", „Gänseblümchen" oder auch „Sowohl-als-auch". Sie helfen dem Zuhörer, alte Konzepte zu aktualisieren und zu differenzieren.

5. Traditionsträger

Geschichten fungieren auch immer wieder als individuelle, familiäre oder gesellschaftliche Identifikationsmuster, wie z. B. die Gleichnisse „Tag am Strand" oder „Trauerfeier". Diese Gleichnisse sind Ausdruck persönlicher Lebenserfahrung, können aber auch anderen Menschen das Gefühl der Zugehörigkeit zu einer Lebensgemeinschaft (Familie, Kultur) vermitteln.

6. Transkulturelle Vermittler

Geschichten dienen als Rückversicherung für die Identifikation mit der eigenen Kultur und ihren Wertvorstellungen, wie z. B. die Gleichnisse „Diskothek" oder „Schulversammlung". Zusätzlich können sie eine Hinwendung zu fremden Kulturen anregen, wie in „Vogelperspektive" oder „Panzer".

7. Regressionshilfe

Geschichten können in der Fantasie als Regressionshilfen das Paradies wachrütteln und als Mittler zwischen den subjektiven Wünschen und objektiven Realitäten fungieren, wie z. B. in den Gleichnissen „Sex", „Amerikanischer Traum" oder „Tiefseeanglerfisch". Belastende Konfliktsituationen können durch gezielte Gleichnisse, wie z. B. „Freizeitaktivitäten", angesprochen werden und eine Lösungshilfe anbieten. Gleichzeitig fördern Regressionshilfengleichnisse die Entwicklung von Zielvorstellungen – unabhängig von der vergangenen Erfahrung – für das eigene Leben und wecken das Interesse für die nahe und ferne Zukunft.

8. Gegenkonzept

Überzeugungen spielen bei Konfliktlösungsversuchen eine große Rolle, ohne dass der Mensch, dem wir gerade eine frohmachende Botschaft ausrichten wollen, sich darüber im Klaren ist. Gegenkonzepte, vermittelt durch Gleichnisse wie „Überraschungsparty" oder „Schockierend", können dem Zuhörer helfen, eigene Überzeugungen bewusster zu hinterfragen. Die Gleichnisse bieten ihm die Chance, neue Konzepte aufzugreifen und sie auf die eigene Lebenssituation zu übertragen.

9. Standortwechsel

Das Lachen über die Pointe einer Geschichte basiert auf einer angenehmen Überraschung. Bekannte Situationen erscheinen plötzlich in einem neuen Sinnzusammenhang, wodurch neue Lösungsmöglichkeiten fast spielerisch in den Blick geraten. Der Zuhörer wird zum Standortwechsel und zum Experimentieren mit entlehnten Konzepten eingeladen. In diese Richtung gehen die Gleichnisse „Pralinenschachtel" und „Supermarktkassenschlange".

Das alles wird hoffentlich Gespräche auslösen. Dazu habe ich an jedes Gleichnis einen Fragenkatalog angehängt, der eine Möglichkeit bietet, über das Gleichnis ins Gespräch zu kommen. Stell dir vor, wir würden in unseren gemeindlichen Gesprächskreisen anfangen, vielleicht nur jede zweite Woche über ein Bild vom Reich Gottes zu reden. Vielleicht würden wir uns dann nach einem Jahr im Supermarkt keine Sorgen mehr machen, ob wir die Milch vergessen haben oder ob wir sie überhaupt bezahlen können, sondern anfangen, mit Menschen in der Warteschlange an der Kasse ins Gespräch über das zu kommen, was unser Herz und unsere Gedanken erfüllt. Letztlich möchte ich mit meinen Geschichten nämlich nur deine Fantasie anregen, eigene Geschichten über das Reich Gottes zu erfinden und zu erzählen, ob am Stammtisch, auf dem Pausenhof oder während einer Aufzugfahrt zwischen dem 7. und dem 42. Stockwerk.

1. Fair-Trade-Schokolade

Mit was wollen wir das Reich Gottes heute vergleichen? Das Reich Gottes ist die Art und Weise, wie Gott mit den Menschen umgeht. Das passiert da, wo wir leben. Es ist mitten unter uns und will von dir entdeckt werden. Wenn du wissen willst, wie es ist, dann denk doch zum Beispiel mal an die Süßigkeitenindustrie.

Das Reich Gottes ist wie Fair-Trade-Schokolade – süß, stimmungssteigernd, das Schmerzempfinden vermindernd und mit 100 % Gerechtigkeit. Und Zähne, mit denen ein Mensch einen anderen beißt, zerstören sie. Das Reich Gottes benutzt keine Geschmacksverstärker, um Menschen auf eine falsche Fährte zu locken. Und es lässt keine Ungerechtigkeiten in der Herstellung zu.

Als der Schokoladenfabrikant eines Abends zu Hause im Fernsehen einen Bericht über Kindersklaven auf den Kakaoplantagen gesehen hatte, war er tief betroffen. Mit Schokolade wollte sein Familienunternehmen den Menschen eigentlich seit jeher Gutes tun. Mit seiner Frau und seinen Kindern besprach er, dass man das Glück der einen nicht auf dem Unglück der anderen aufbauen kann. Sie beschlossen gemeinsam, sich zu verändern. Am nächsten Tag ging der Schokoladenfabrikant mit seinen Abteilungsleitern alle Akten des Unternehmens durch und stellte fest, dass er 50% seines Gewinns verlieren würde, wenn er die Zutaten für seine Schokolade nur noch aus sklavenfreien Plantagen beziehen würde. Seine Unternehmensberater bedrängten ihn, lieber auf anderen Gebieten Gutes zu tun, es gäbe doch noch viele andere Ungerechtigkeiten. Die anderen Schokoladenfabrikanten rieben sich derweil schon die Hände in Erwartung ihres höheren Marktanteils.

Trotzdem hielt der Schokoladenfabrikant an seinen Plänen fest. Dadurch verloren aber nun viele Eltern der Kindersklaven ihre einzige Einnahmequelle. Das eingespielte System geriet aus dem Gleichgewicht. Also gab der Schokoladenfabrikant zusätzlich noch weitere 10 % des verbleibenden Gewinnes aus für die Bekämpfung von Armut in den Ländern, aus denen die Kindersklaven verschleppt worden waren. Mit den verbliebenen 40 % Gewinn konnte die Schokoladenfabrik immer noch ohne Entlassungen existieren, auch wenn der Schokoladenfabrikant fortan „nur" noch so viel wie jeder seiner Angestellten verdiente.

So ist das Reich Gottes auch und es ist noch ganz anders. Aber davon erzähle ich ein anderes Mal.

ZUM WEITERDENKEN

1. Beschreibt eure eigenen Erfahrungen mit der Sehnsucht nach Gerechtigkeit und ihrer konkreten Umsetzung in eurem Alltag. Fühlt euch in die Situation der Geschichte ein und schaut, ob ihr mit euren eigenen Erfahrungen ebenfalls an das Reich Gottes andocken könnt.

2. Seht euch die Dokumentation „Schmutzige Schokolade" von Miki Mistrati im Internet an. Aber denkt nicht nur an die Kinder auf afrikanischen Kakaoplantagen, sondern auch an die in indischen Steinbrüchen, auf südamerikanischen Müllbergen, in philippinischen Besenfabriken und an vielen anderen Orten der Welt. Checkt die Homepage www.notforsale-campaign.org oder anderer Organisationen.

3. Diskutiert die Frage, ob der Zweck wirklich die Mittel heiligt. Hat ein geistlicher Erfolg, der auf Kosten der Einheit, der Liebe oder der Gerechtigkeit errungen wurde, die Protagonisten bereits mit dem Keim des Todes infiziert? Was bedeutet das für euren Gemeindealltag?

4. Setzt folgende Bibelstellen in Bezug zu dem Gleichnis: Markus 9,42 / Matthäus 5,23,24,40 und 41 / Lukas 15,4 / Psalm 33,5.

5. Welche Bibelstellen fallen euch noch zu dem Gleichnis ein? Und welche Fragen sind euch im Gespräch darüber gekommen? Bitte schreibt mir das, damit ich von euch lernen kann.

2. Weisheit der Vielen

Mit was wollen wir das Reich Gottes heute vergleichen? Das Reich Gottes ist die Art und Weise, wie Gott mit den Menschen umgeht. Das passiert da, wo wir leben. Es ist mitten unter uns und will von dir entdeckt werden. Wenn du wissen willst, wie es ist, dann denk doch zum Beispiel mal an die alteingesessene Firma, deren Aufsichtsrat einen neuen Geschäftsführer einstellte, um die Firma in eine neue Zeit zu führen.

Die Mitarbeiter waren schon gespannt, welche Strategie der „Neue" anwenden würde, manche ängstlich, manche hoffend, andere wiederum eher ablehnend. Es hatte in der Vergangenheit schon einige neue Geschäftsführer aus verschiedenen Managerschulen gegeben, die ihre Ideen mit unterschiedlichem Erfolg umgesetzt hatten. Auch dieser Geschäftsführer hatte den alten Besitzern eine ertragreiche Zukunft versprochen, so wie sie es gewohnt waren. Die ergrauten Eminenzen beglückwünschten sich zu ihrer Entscheidung. Der Neue würde es schon richten.

Am nächsten Tag bekam Fatima-Heike*, die Neue aus der Putzkolonne, einen Anruf, ob sie bitte einmal in die Chefetage kommen könne. Sie dachte, sie solle da den großen Konferenzraum putzen. Aber oben angekommen sah sie, dass der

---

* Anm.: Vielleicht wundert sich der eine oder die andere LeserIn bei dem Namen Fatima-Heike. Auf diesen Namen bin ich durch meine langjährige Tätigkeit in der Jugendarbeit gekommen, in der ich immer wieder die moderne Vermischung der Kulturen und Religionen beobachten konnte. Fatima-Heike ist die Tochter einer muslimischen Mutter und eines christlichen Vaters, die beide nicht streng religiös sind, aber doch so stark kulturell von ihrer Religion geprägt, dass sie selbst in der Namensgebung auf Gleichberechtigung bedacht waren. Fatima-Heike wächst im Hochhausgetto einer Großstadt auf, besucht eine kooperative Gesamtschule und hält sich nachmittags meistens mit den anderen Jugendlichen der Siedlung im Jugendzentrum auf. Sie kommt in einigen Gleichnissen in diesem Buch vor. In demselben Hochhaus, nur zwei Stockwerke unter ihr, wohnt Adolf, der Sohn

Raum voll mit Menschen war. Da waren Willi, der 60-jährige Leiter der Werkstatt, der in der Firma schon seine Lehre gemacht hatte, Sabrina, die adrette Sekretärin aus der Marketingabteilung, Abdulgafar, der bosnische Küchenchef, der seit dem Balkankrieg hier kochte, Vivienne, die neue Chefin der Personalabteilung aus dem französischen Tochterunternehmen und viele andere. Fatima-Heike fragte sich, was das wohl für eine Versammlung sein sollte. Mitarbeiter aus allen Abteilungen, Bildungsständen, Altersstufen waren da, es schien nichts zueinanderzupassen. Ob das eine neue Idee des Betriebsrats war? Putzen würde sie jetzt hier jedenfalls nicht können, dachte sie sich und wollte gerade gehen, als sie dem neuen Geschäftsführer direkt in die Arme lief. „Ach, bleiben Sie doch bitte, Fatima-Heike. Ich habe einen Auftrag für Sie." – „Putzen kann ich den Raum aber erst, wenn er wieder leer ist", sagte sie mit einem Blick auf die ausnahmslos eher verwirrt um sich schauenden Menschen, wie sie erst jetzt so recht bemerkte. „Das stimmt", antwortete der neue Geschäftsführer, „aber vorher hören Sie sich bitte noch an, worum ich Sie alle bitten möchte."

Die letzten Worte hatte er schon etwas lauter gesprochen, sodass alle Augen sich ihnen zuwandten und Fatima-Heike leicht errötete. Doch der neue Geschäftsführer sprach schon weiter und zog die Aufmerksamkeit auf sich: „Liebe Mitarbeiterinnen und Mitarbeiter, Sie fragen sich wahrscheinlich, warum ich Sie hier zusammengerufen habe und wie sich die Zusammensetzung dieser Versammlung erklären lässt. Das Einzige, was Sie alle gemeinsam haben, ist, dass ich Sie um Ihre Hilfe bitten möchte. Darum habe ich jeden Einzelnen von Ihnen zu diesem Treffen eingeladen. Die Aufgabe, die

---

eher rechtsorientierter Eltern. Adolf wurde in diesem neonazistischen Denken erzogen und ist ein Waffennarr. Fatima-Heike und Adolf waren beide an derselben Schule und haben sich irgendwann ineinander verliebt. Gemeinsam tauchen sie in den Gleichnissen „Schnellreinigung" und „Panzer" auf.

der Aufsichtsrat mir übertragen hat, ist es, das Unternehmen erfolgreich in die Zukunft zu führen. Ausführen müssen das aber letztlich Sie in Ihren unterschiedlichen Abteilungen. Deswegen möchte ich Sie bitten, mir und dem Unternehmen Ihre Erfahrungen in und Ihre Sichtweisen auf diese Firma zur Verfügung zu stellen. Sie sollen sich ein Mal in der Woche hier treffen und die Zukunft des Unternehmens planen. Ich möchte auf jeden Einzelnen von Ihnen hören, denn jeder von Ihnen hat eine einzigartige Wahrnehmung. Und nur, wenn wir das alles wie Mosaiksteinchen zusammenlegen, können wir ein wirklich neues Bild von der Zukunft malen. Heute ist Ihr erster Tag. Ich werde jetzt gehen und Sie in Ihrer neuen Aufgabe nicht weiter stören. Ich freue mich darauf, Ihr Bild später zu rahmen und im Aufsichtsrat aufzuhängen."

So ist das Reich Gottes auch und es ist noch ganz anders. Aber davon erzähle ich ein anderes Mal.

ZUM WEITERDENKEN

1. Beschreibt eure eigenen Erfahrungen in einem großen System wie Schule, Firma oder Gemeinde. Fühlt euch in die Situation der Geschichte ein und schaut, ob ihr mit euren eigenen Erfahrungen ebenfalls an diesen Aspekt des Reiches Gottes andocken könnt.

2. Was glaubt ihr, ist im Konferenzsaal passiert, nachdem der Geschäftsführer gegangen war?

3. Gilt der Grundsatz, dass das Ganze mehr ist als die Summe der Teile, nur für das Ganze der christlichen Kirche oder auch für das Ganze aller Gottsucher?

4. Setzt folgende Bibelstellen in Bezug zu dem Gleichnis: Offenbarung 21,24–26 / Apostelgeschichte 2,47b / Markus 9,38–40.

5. Welche Bibelstellen fallen euch noch zu dem Gleichnis ein? Und welche Fragen sind euch im Gespräch darüber gekommen? Bitte schreibt mir das, damit ich von euch lernen kann.

3. Der Busen deiner Mutter

Mit was wollen wir das Reich Gottes heute vergleichen? Das Reich Gottes ist die Art und Weise, wie Gott mit den Menschen umgeht. Das passiert da, wo wir leben. Es ist mitten unter uns und will von dir entdeckt werden. Wenn du wissen willst, wie es ist, dann denk doch zum Beispiel mal an deine Kindheit zurück. Das Reich Gottes ist auch wie der Busen deiner Mutter.

Man denkt im Alltag nicht mehr oft daran und noch weniger sprichst du darüber. Aber dein erster Kontakt mit etwas prägt dein ganzes Leben und deine Reaktionen auf das, was dir Tag für Tag begegnet, grundlegend. Das Reich Gottes gleicht dem Busen einer liebenden Mutter, die zwei volle Brüste hat, wie zwei Vorratskammern, reich an süßer Milch. Der Busen deiner Mutter ist ein Bild für dein Energiedepot im Leben, und das nicht nur wegen der Milchdrüsen, sondern auch, weil er aus Fettgewebe besteht. Das körpereigene Fettgewebe kann dem Menschen nämlich Reserven schenken, um bis zu 40 Tage ohne Nahrungszufuhr auszukommen. Das kann man besonders gut gebrauchen, wenn man z. B. mal in einer Wüste versucht wird, dann hilft einem die Erinnerung daran, durchzuhalten.

Der Busen deiner Mutter besteht außerdem aus Bindegewebe. Und Bindegewebe kann die Form von Organen aufrechterhalten, ist Wasserspeicher und Schutzhülle und spielt bei Abwehrreaktionen gegen Krankheitserreger eine wichtige Rolle. Das Bindegewebe steht in unserem Alltag für die Organisationen, in denen wir Beziehung leben. So vermittelt dir der Busen deiner Mutter allein schon in seiner Form auch ein grundlegend vertrautes Gefühl in der Begegnung mit Form, Größe und Struktur eines Organs – oder im übertragenen Sinn einer Organisation. Oder eben auch nicht.

Und natürlich ist der Busen deiner Mutter immer wieder ein Ort der Versorgung mit lebensnotwendiger Nahrung. Manchmal musst du fest saugen, um etwas zu bekommen, und manchmal wirst du regelrecht überschüttet mit Milch. Aber du hörst nicht auf zu saugen, bevor du satt bist. Erst später lernt ein Mensch, sich den Mangel an Nahrung intellektuell zu beschönigen. Die natürliche Reaktion auf Hunger ist: Du schreist und suchst, bis du satt oder tot bist. Kleine Kinder drücken und pressen den Busen ihrer Mutter und trinken die Milch manchmal so gierig, dass sie ihrer Mutter dabei sogar wehtun. Erst wenn die frische Milch ihren Heißhunger gestillt hat, schläfert der wohlige Duft, der von der Milch zu ihrem Gehirn aufsteigt, die Angst ein und sie fühlen sich sicher in der Welt. Wenn man den Babys die Brust

entzieht, bevor sie in tiefen, satten Schlaf gesunken sind, so wachen sie oft auf und weinen bitterlich.

So ergeht es auch deiner Seele, die in Ruhe und Schweigen vor Gott ist. Sie nimmt zu jeder Zeit und an allen Orten fast unbewusst die Wonne der Gegenwart des Reiches Gottes in sich auf, ohne zu denken, ohne zu handeln, ohne irgendetwas mit irgendeiner ihrer Fähigkeiten zu tun, außer allein mit den Lippen ihrer Sehnsucht. Die Sehnsucht bewegt deine Seelenlippen sanft und fast unwahrnehmbar, so wie du es damals getan hast am Busen deiner Mutter.

So ist das Reich Gottes auch und es ist noch ganz anders. Aber davon erzähle ich ein anderes Mal.

ZUM WEITERDENKEN

1. Beschreibt eure eigenen Erfahrungen mit dem Vergleich dieser Geschichte. Fühlt euch in die Situation des Gleichnisses ein und schaut, ob ihr mit euren eigenen Erfahrungen ebenfalls an das Reich Gottes andocken könnt.

2. Denk an deine erste Begegnung mit dem Reich Gottes, vielleicht sogar noch, bevor du es verstanden hattest. Beschreibe sie dir ausführlich, male dir die Details aus. Welche Erfahrungen hast du gemacht? Waren es große oder kleine Events oder Gemeinden?

3. Vergleicht dann als Gruppe diese Beschreibungen mit euren Reaktionen auf eure jetzige Gemeindesituation.

4. Welche Nahrung hast du damals bekommen? Wo und wie bekommst du die heute?

5. Und für alle, die als Kind nicht gestillt wurden: Wie hat Gott Ersatz geschaffen? Und wird man immer Angst haben, hungrig zu bleiben oder „nur" künstlich ernährt zu werden, wenn man keinen Kontakt zum Busen seiner Mutter gehabt hat? Jesaja 49,15: „Vergisst etwa eine Frau ihren Säugling, dass sie sich nicht erbarmt über den Sohn ihres Leibes? Sollten selbst diese vergessen, ich werde dich niemals vergessen."

6. Wenn man 1. Mose 2,24 paraphrasiert, heißt es: „Darum wird ein Mensch seine Muttermilch verlassen und sich an einem neuen Busen nähren, und sie werden zu einem Fleisch werden." Kann man das so sehen?

7. Setzt folgende Bibelstellen in Bezug zu dem Gleichnis: 1. Petrus 2,2 / Psalm 131,2.

8. Welche Bibelstellen fallen euch noch zu dem Gleichnis ein? Und welche Fragen sind euch im Gespräch darüber gekommen? Bitte schreibt mir das, damit ich von euch lernen kann.

4. Gänseblümchen

Mit was wollen wir das Reich Gottes heute vergleichen? Das Reich Gottes ist die Art und Weise, wie Gott mit den Menschen umgeht. Das passiert da, wo wir leben. Es ist mitten unter uns und will von dir entdeckt werden. Wenn du wissen willst, wie es ist, dann denk doch zum Beispiel mal an eine Wiese voller Gänseblümchen.

Herrlich weiß schimmern sie in der Sonne und wirken beruhigend auf den Betrachter, wenn der Wind sie zum sanften, gleichmäßigen Wogen bringt. Von etwas weiter weg scheinen sie mitten unter all dem Grün der Wiese wie eine einzige weiße Fläche zu sein, deren Harmonie nichts Andersartiges unterbricht. Plötzlich rennt ein Junge lachend durch das Feld und mäht mit einem Stock, den er wie eine Sense schwingt, an die Hundert Gänseblümchen zugleich ab. Als er von einem alten Mann ermahnt wird, er solle doch damit aufhören, die schönen Gänseblümchen zu zerstören, antwortet der Junge: „Warum? Sind doch so viele da. Und alle sind sie gleich. Da kommt es auf die paar doch nicht an." Der Alte nimmt den Jungen an der Hand und beugt sich zu den Gänseblümchen nieder: „Wusstest du, dass jedes Gänseblümchen Früchte trägt?" Der Junge schüttelt verblüfft den Kopf. Er kann die Früchte auch nicht so recht erkennen. Aber der Alte fährt schon fort: „Man kann Gänseblümchen essen, sie sind nahrhaft und schmecken ein wenig nach Nuss. Aber was sie besonders wertvoll macht, jedes Einzelne von ihnen, ist die Tatsache, dass sie verschiedene Krankheiten heilen können."

Jetzt staunt der Junge aber nicht schlecht. So hat er die Gänseblümchen noch nicht betrachtet und er schämt sich jetzt auch ein wenig wegen seiner unbedachten Aktion. „Trotzdem sehen sie alle ganz langweilig gleich aus", murmelt er leicht trotzig, um wenigstens noch einen Stich gegen den Alten zu machen. „Auf den ersten Blick ja", antwortet der, „aber der erste Blick kann oft täuschen. Oder würdest du das nicht auch von dir behaupten wollen? Wenn man genau hinschaut, tiefer als das Auge sehen kann, mit dem Mikroskop des Herzens sozusagen, dann entdeckt man, dass kein einziges Gänseblümchen einem anderen gleich ist. Alle sind sie einzigartig, obwohl sie in der Gemeinschaft so aussehen, als wären sie alle gleich."

So ist das Reich Gottes auch und es ist noch ganz anders. Aber davon erzähle ich ein anderes Mal.

ZUM WEITERDENKEN

1. Beschreibt eure eigenen Erfahrungen damit, von anderen als langweilig, gleichförmig und nutzlos angesehen zu werden. Fühlt euch in die Situation der Geschichte ein und schaut, ob ihr mit euren eigenen Erfahrungen ebenfalls an das Reich Gottes andocken könnt.

2. Was ist der Unterschied zwischen Einheit und Uniformität?

3. Besucht doch einmal eine nahe gelegene Kirche mit schönen Kirchenfenstern, die wie ein Mosaikbild zusammengesetzt sind, und lasst sie im Zusammenhang des Gleichnisses auf euch wirken. Unter *www.mickeywiese.de/schreiterwerkschau1.htm* und den folgenden Seiten könnt ihr euch einen Eindruck davon machen, was ich damit meine. Die Mosaikkunst schafft nämlich aus Bruchstücken ein unvergängliches Bild oder Ornament durch das Zusammensetzen vieler verschieden großer und verschieden farbiger Mosaiksteine.

Wegen der Dauerhaftigkeit des Materials werden Mosaike auch als „Ewigkeitsmalerei" bezeichnet. Gott jedenfalls malt ein Bild, oder besser gesagt, Gott erschafft in der Welt ein einheitliches Mosaikbild seiner Herrlichkeit. Und weil jeder von uns ein Original ist, weil jede Gruppierung von Gott begabt worden ist, aber trotzdem keine Generation allein für sich vollkommen ist, und weil alle von Gott die Gnade nur in einem besonderen Maß bekommen haben (Römer 12,3 / Epheser 4,7), entdecken wir das Bild Gottes erst, wenn seine Liebe durch uns gemeinsam hindurchstrahlt. Erst wenn Gottes Licht durch uns alle als versöhnte Gemeinschaft scheint, dann sehen auch andere das Ebenbild Gottes in leuchtenden Farben.

4. Setzt folgende Bibelstellen in Bezug zu dem Gleichnis: Römer 8,29 / 2. Korinther 13,11 / Epheser 4,3 / Philipper 2,2.

5. Welche Bibelstellen fallen euch noch zu dem Gleichnis ein? Und welche Fragen sind euch im Gespräch darüber gekommen? Bitte schreibt mir das, damit ich von euch lernen kann.

5. Die Müllsortieranlage

Mit was wollen wir das Reich Gottes heute vergleichen? Das Reich Gottes ist die Art und Weise, wie Gott mit den Menschen umgeht. Das passiert da, wo wir leben. Es ist mitten unter uns und will von dir entdeckt werden. Wenn du wissen willst, wie es ist, dann denk doch zum Beispiel mal an den Ferienjob von Fatima-Heike in der Müllverbrennungsanlage.

Sie hatte Geld gebraucht für ein neues Smartphone. Und weil sie nichts anderes gefunden hatte, war sie auf den Vorschlag ihrer Nachbarin Ayse eingegangen, den Job in einer Müllsortieranlage anzunehmen. Fatima-Heike hatte sich am ersten Tag noch eine Wäscheklammer für die Nase und einen großen Packen Erfrischungstücher mitgenommen, wurde aber angenehm davon überrascht, dass es in dem großen Sortierraum nicht viel schlimmer als in ihrem Hinterhof stank. Mit vielen anderen, hauptsächlich Frauen, stand sie also nun mit Kopftuch, Atemschutzmaske und Plastikhandschuhen an einem großen Fließband. Die Müllwagen fuhren von außen heran und kippten den ganzen Restmüll, der eingesammelt worden war, auf das Fließband, wo er noch einmal von Hand getrennt wurde. Jeder hatte dabei seine spezielle Aufgabe. Einer fischte alles Glas heraus, eine andere alle Metalle, wieder ein anderer Kunststoffe, und Fatima-Heike musste sich alle Elektronikteile aus der träge vorbeiziehenden Masse herausgreifen. Einmal hatte sie sogar ein etwas älteres Modell genau des Smartphones entdeckt, das sie sich mit dem Geld von diesem Job kaufen wollte. Es sah noch richtig funktionstüchtig aus, aber selbstverständlich konnte Fatima-Heike das vor laufenden Überwachungskameras nicht überprüfen – und schon gar nicht mitnehmen. Denn alles, was noch gebraucht werden konnte, wurde dem Recycling zugeführt.

Noch nie hatte sich Fatima-Heike vor diesem Job Gedanken darüber gemacht, was man mit Müll alles noch Gutes anstellen kann. Aber hier in der Müllsortieranlage sollte nichts einfach unnütz verschwendet werden, sondern es wurde der Weiterverwendung zugeführt oder diente als sekundärer Rohstoff zur Herstellung neuer Produkte.

Fatima-Heike musste schmunzeln, als sie an ihre letzten Schularbeiten dachte und wie oft ihre Eltern und Lehrer darüber das Urteil gefällt hatten: „Das ist doch alles Müll!" Vielleicht war in ihrem Leben ja viel mehr direkt in die Verbrennungsanlage befördert und bei über 1000 Grad Celsius restlos verbrannt worden, als notwendig gewesen wäre, dachte sie, und begann gleich noch einmal viel ernsthafter, die Müllmasse zu betrachten und zu sortieren.

So ist das Reich Gottes auch und es ist noch ganz anders. Aber davon erzähle ich ein anderes Mal.

Zum Weiterdenken

1. Beschreibt eure eigenen Erfahrungen mit dem Vergleich dieser Geschichte. Fühlt euch in die Situation des Gleichnisses ein und schaut, ob ihr mit euren eigenen Erfahrungen ebenfalls an das Reich Gottes andocken könnt.

2. Setzt folgende Bibelstellen in Bezug zu dem Gleichnis: Matthäus 13,28b–30 / Matthäus 25,31–34.

3. Welche Bibelstellen fallen euch noch zu dem Gleichnis ein? Und welche Fragen sind euch im Gespräch darüber gekommen? Bitte schreibt mir das, damit ich von euch lernen kann.

6. Abendessen

Mit was wollen wir das Reich Gottes heute vergleichen? Das Reich Gottes ist die Art und Weise, wie Gott mit den Menschen umgeht. Das passiert da, wo wir leben. Es ist mitten unter uns und will von dir entdeckt werden. Wenn du wissen willst, wie es ist, dann denk doch zum Beispiel mal an das Abendessen mit dem berühmten Schauspieler.

Ein Hollywoodstar dachte wehmütig an all die Menschen, die für ihn arbeiteten. Sein Ruhm sorgte für eine ungute Distanz zu ihnen. Dabei wünschte er sich statt ihrer Verbeugungen und ihrer ehrfürchtigen Dienstbarkeiten einen humorvollen Alltag, wie unter Freunden. Er beschloss, zu seinem Geburtstag keine Schauspieler einzuladen und keine berühmten Sänger, sondern mit der Köchin, dem Gärtner und dem Bodyguard zu feiern. So würde er ihnen zeigen, dass er ihr Freund sein wollte. Er lud jeden mit einer handgeschriebenen Karte ein und gab der Köchin und den anderen für den Tag frei – das Essen bereitete er selbst zu, mit der Hilfe eines befreundeten Sternekochs. Zur angesagten Stunde entzündete der Filmstar die Kerzen, rückte noch einmal das Besteck gerade und setzte sich mit einem Lächeln an den fein gedeckten Tisch. Er freute sich auf seine Angestellten, wollte von ihren Familien hören, ihren Träumen, ihren Zielen. Es würde ein wunderbarer Geburtstagsabend werden, der sie alle enger miteinander verbinden sollte. Der Kamin brannte, es spielte leise Musik im Hintergrund und die Kerzenflammen spiegelten sich in den silbernen Hauben, die das Essen warm hielten.

Im Nebengebäude für die Dienstboten sah sich die Köchin ihre Einladung an. Sie dachte: Der ist so groß, der kann sich gar nicht für mich interessieren. Wenn ich zur Feier hingehe, werde ich bloß unbeachtet in einer Ecke herumstehen. Oder mir rutscht ein falsches Wort heraus, das ihn beleidigt, und ich verliere meinen Job. Sie entschied sich, nicht hinzugehen und blieb der Geburtstagsfeier fern. Der Bodyguard betrat klopfenden Herzens den Raum. Er bemerkte gar nicht, dass der Hollywoodstar aufstand und ihn mit Namen begrüßte, er bemerkte nicht, wie der Gastgeber ihm freundlich einen Stuhl anbot, gleich neben seinem. Denn der Bodyguard dachte: „Was für eine Chance! So gutes Essen bekomme ich nie wieder." Er trat an die Tafel heran, kostete vom Rehrücken, zog eine Plastiktüte aus der Tasche und legte gratinierte Passionsfrucht, Hummer und Kaviar hinein. Dann floh er mit seiner Beute nach draußen und bezog Posten vor der Tür, wie er es gewohnt war.

Als der Gärtner Einlass begehrte, hielt er ihn auf, aber der Mann zeigte ihm eine Einladung, und so ließ er ihn passieren und wandte sich wieder seinem Essen zu. Der Gärtner öffnete die Tür zum Festsaal und freute sich über die Wärme, die Kerzen und die Musik. Er konnte es kaum fassen, dass sich sein Chef einen ganzen Abend Zeit für ihn nahm. Scheu setzte er sich neben den Star und sie aßen gemeinsam. Als der Filmstar begann, ihn auszufragen, entspannte sich der Gärtner allmählich und er erzählte gerne aus seinem Leben. Sie verbrachten Stunden mit Gespräch und Lachen und gutem Essen.

Für den Bodyguard und die Köchin blieb in den darauffolgenden Wochen alles beim Alten: Sie arbeiteten, wie sie es gewohnt waren, und erhielten am Monatsende ihren Lohn. Nach einiger Zeit kündigte die Köchin, weil sie meinte, sich zu verbessern, wenn sie auf einem Luxusliner für viele reiche Gäste kochte. Der Bodyguard behielt seine Stelle, weil er auf weitere Einladungen hoffte, wegen des guten Essens. Der Gärtner aber ging, wann immer es die Geschäfte des Filmstars zuließen, mit ihm im Garten spazieren und zeigte seinem Chef die Büsche und Blumen, die er eingepflanzt hatte. Sie wurden gute Freunde. Der Hollywoodstar freute sich an ihrer Freundschaft genauso wie der Gärtner.

So ist das Reich Gottes auch und es ist noch ganz anders. Aber davon erzähle ich ein anderes Mal.

ZUM WEITERDENKEN

1. Beschreibt eure eigenen Erfahrungen mit dem Vergleich dieser Geschichte. Fühlt euch in die Situation des Gleichnisses ein und schaut, ob ihr mit euren eigenen Erfahrungen ebenfalls an das Reich Gottes andocken könnt.

2. Warum fällt es uns oft schwer, zu glauben, dass Gott wirklich eine Freundschaft mit uns haben will?

3. Was bedeuten in diesem Zusammenhang die Worte aus Johannes 15,15:

„Ich nenne euch nicht mehr Sklaven, denn der Sklave weiß nicht, was sein Herr tut; euch aber habe ich Freunde genannt, weil ich alles, was ich von meinem Vater gehört, euch kundgetan habe"?

4. Mit Mose hat Gott direkt gesprochen, mit einigen anderen auch. Warum zeigt er sich nicht jedem so? Will er trotzdem meine Freundschaft?

5. Interessieren Jesus nur die großen Dinge in unserem Leben, wie die Berufswahl und die Partnersuche, oder will er auch die Kleinigkeiten mit uns teilen?

6. Wie kann man Alltag mit einem Schöpfergott teilen, den man nicht sieht? Schreibt eure Ideen auf, und mögen sie noch so wild sein.

7. Was passiert mit unserer Eigenständigkeit, wenn wir Jesus bewusster in unser Leben einbeziehen?

8. Welche Bibelstellen fallen euch noch zu dem Gleichnis ein? Und welche Fragen sind euch im Gespräch darüber gekommen? Bitte schreibt mir das, damit ich von euch lernen kann.

7. Schockierend

Mit was wollen wir das Reich Gottes heute vergleichen? Das Reich Gottes ist die Art und Weise, wie Gott mit den Menschen umgeht. Das passiert da, wo wir leben. Es ist mitten unter uns und will von dir entdeckt werden. Wenn du wissen willst, wie es ist, dann denk doch zum Beispiel mal an den Punk im Weihnachtsgottesdienst.

Das Reich Gottes ist auch schockierend, es ist wie ein falsch gekleideter Gast auf einem Opernball, wie ein Flitzer auf dem Fußballfeld oder ein renitenter Hofnarr im Bundestag. Irgendwie immer auffallend, scheinbar unpassend gekleidet und doch immer auf den Punkt kommend.

Es ist wie in dem Weihnachtsgottesdienst, bei dem sich kurz nach dem ersten Halleluja ein Punk durch die Menge nach vorne drängte. Nasen wurden gerümpft, missbilligende Blicke trafen ihn, aber über ein entrüstetes Zischen traute sich niemand hinaus, denn es war schließlich Weihnachten. Als der Punk vorne angekommen war, begann der Pastor gerade, die Weihnachtsgeschichte zu verlesen. Da drehte der Punk sich um, öffnete seinen Mantel sowie die sich darunter befindliche Jacke und offenbarte den Besuchern ein T-Shirt, das wohl in früheren Tagen einmal weiß gewesen war. Man konnte aber immer noch gut die Schrift darauf lesen: „Ich bin ein Weihnachtshirte!" Als niemand darauf reagierte und der Pastor mit dem Verlesen der Weihnachtsgeschichte ins Stocken geraten war, begann der Punk grinsend, stockend und teilweise nuschelnd zu erzählen.

Draußen unter der Brücke an seinem Lagerplatz habe ihm jemand von der frohen Botschaft erzählt, die heute Nacht allen Menschen ausgerichtet würde. Und der Typ habe dabei so glücklich ausgesehen und seine Augen hätten so geleuchtet, fast wie ein Engel in der Nacht. Ja, er wisse, dass er nicht mehr kreditwürdig sei wegen seiner vielen Schufaeinträge, und auf seine Zeugenaussagen vor Gericht wolle kein Richter im Land mehr eine Verhandlung aufbauen. Aber er habe einfach nicht anders gekonnt, seine Neugier habe ihn dazu getrieben, den nächstbesten Gottesdienst aufzusuchen, um nach dieser frohen Botschaft zu suchen. Er habe ja nicht gewusst, dass ein Gottesdienst so voll sein würde (dass das nur an Weihnachten so war, konnte der Punk ja nicht wissen). So verabschiedete er sich damit, dass es ihm leid täte, die noble Stimmung so zerstört zu haben, er habe eben nur einmal nachsehen wollen, worum es so an Weihnachten eigentlich gehe.

Und dann ging er, um das Leuchten des Engels draußen in der Dunkelheit zu suchen, weil er es in der Kirche nicht gefunden hatte. Im Gottesdienst wollte danach keine rechte Stimmung mehr aufkommen. Es roch penetrant nach altem Schweiß und Urin, und die schnell vom Küster geöffneten Fenster ließen die Menschen nur noch mehr frieren. Nicht wenige Gottesdienstbesucher blieben in dieser Heiligen Nacht unsicher und fragend zurück.

So ist das Reich Gottes auch und es ist noch ganz anders. Aber davon erzähle ich ein anderes Mal.

ZUM WEITERDENKEN

1. Beschreibt eure eigenen Erfahrungen mit dem Vergleich dieser Geschichte. Fühlt euch in die Situation des Gleichnisses ein und schaut, ob ihr mit euren eigenen Erfahrungen ebenfalls an das Reich Gottes andocken könnt.

2. Warum entsetzten sich die Leute eigentlich ständig, wenn Jesus oder die Jünger etwas gesagt oder getan haben

(Markus 1,27; Markus 16,5; Apostelgeschichte 2,7), und warum ist das heute nicht mehr die normale Reaktion der Menschen auf das Reich Gottes?

3. Wie kann man denn mitten in einer Sitzung mit wohlangesehenen Kirchenführern, denen der Glaube am Herzen liegt, solche Dinge zulassen, wie es in Lukas 7,36–50 (Jesu Salbung durch die Sünderin) oder in Lukas 5,17–26 (Dach kaputt machen, Gelähmten runterlassen) berichtet wird? Was würde da wohl in eurer Gemeinde, in eurem Gottesdienst, passieren?

4. Wie war das eigentlich mit den Hirten auf dem Feld im Licht von 1. Korinther 1,26–31 und Lukas 2,8–20?

In alten Lehrbüchern des Judentums kann man nachlesen, welchen Ruf die Hirten in Palästina hatten. Die Rabbiner haben es nicht zugelassen, dass Hirten bei einer Gerichtsverhandlung eine verantwortliche Rolle übernahmen.

Es gab mindestens fünf Sorten von Menschen, die als Zeugen vor Gericht nicht auftreten durften: Frauen, Räuber, Zöllner, Wucherer und Hirten. Hirten galten grundsätzlich als nicht vertrauenswürdig, denn sie waren dafür bekannt, dass sie ihre Herden auf Land weiden ließen, das ihnen nicht gehörte. Sie galten außerdem als kultisch unrein. Ihre Hände berührten alle möglichen Dinge, die sie nicht nur unrein, sondern auch übelriechend machten. Sie durften deshalb einen Gottesdienst im Tempel nicht besuchen. Es gab um den Tempel herum Abgrenzungsmauern und Hirten gehörten zu denen, die einen genau definierten Abstand von dem Allerheiligen einhalten mussten, dem Raum, in dem Gott sich niedergelassen hatte. Außerdem haben Hirten notwendigerweise am Sabbat gearbeitet und haben dadurch regelmäßig eines der Zehn Gebote übertreten.

Und es gab zwei Sorten von Menschen im jüdischen Palästina, denen gegenüber es keine Verpflichtung gab, Wohltätigkeit zu gewähren: nämlich Heiden und Hirten. Übertrage diese Information doch mal auf deinen normalen Gemeindealltag.

5. Welche Bibelstellen fallen euch noch zu dem Gleichnis ein? Und welche Fragen sind euch im Gespräch darüber gekommen? Bitte schreibt mir das, damit ich von euch lernen kann.

8. Die Schnellreinigung

Mit was wollen wir das Reich Gottes heute vergleichen? Das Reich Gottes ist die Art und Weise, wie Gott mit den Menschen umgeht. Das passiert da, wo wir leben. Es ist mitten unter uns und will von dir entdeckt werden. Wenn du wissen willst, wie es ist, dann denk doch zum Beispiel mal an eine Schnellreinigung.

Fatima-Heike hat einen neuen Freund, Adolf. Neulich auf der Hochzeitsfeier hat sie ihm aus Versehen Kaffee auf seinen hellen Anzug geschüttet. Das war ihm ziemlich peinlich gewesen, als er dann mit diesem Fleck, der die ungefähren Umrisse ihres Stadtteils hatte, aufstehen und als Trauzeuge dem Brautpaar eine kleine Glückwunschrede halten musste. Später fiel ihm zu allem Unglück auch noch ein Stück Sahnetorte auf die Hose. Nach der Hochzeit musste Fatima-Heike ihm ziemlich zureden, dass er den Anzug in die Reinigung bringen solle, denn Adolf hätte ihn am liebsten weggeworfen. Er zog ihn sowieso nie an, bis auf die seltenen Gelegenheiten wie Hochzeiten und andere formelle Anlässe. Es war ihm peinlich, dass er sich in einem Anzug nicht so gut bewegen konnte, und das wollte er eigentlich vor niemandem offenbaren. Aber als Fatima-Heike nicht lockerließ, weil sie fand, dass er so toll darin aussehe, brachte Adolf ihn dann doch in die chemische Schnellreinigung im kleinen Zentrum der Siedlung, die Herrn Madhukar Singh aus Indien gehörte.

Adolf legte seinen verschmutzten Anzug auf die Theke und zeigte etwas verschämt auf die Flecken. Herr Singh markierte die Flecken ruhig und freundlich und brachte den Anzug ins Hinterzimmer, damit er gereinigt werden konnte. Adolf bezahlte und verließ den Laden. Draußen atmete er tief durch und war froh, dass der Mann aus der Reinigung nicht über seine Flecken gelacht hatte. „Er hat auch gar nicht den Eindruck gemacht, als habe er darüber nachgedacht, wie dieser kleine deutsche Tolpatsch sich wohl schmutzig gemacht haben könnte", sagte er zu Fatima-Heike, die draußen auf ihn gewartet hatte. Nein, er hatte den Anzug entgegengenommen, ohne ihm das Gefühl zu geben, dass ihm das nun peinlich sein müsste. „Naja, schließlich ist das ja auch sein Job," sagte Fatima-Heike, „der hat wahrscheinlich schon ganz andere Flecken gesehen."

Drei Tage später holten sie den Anzug wieder ab und er sah aus, als ob er noch nie getragen worden wäre, frisch gebügelt, sauber und duftend. Sie bedankten sich und gingen nach Hause und niemand sprach mehr über die Flecken.

So ist das Reich Gottes auch und es ist noch ganz anders. Aber davon erzähle ich ein anderes Mal.

ZUM WEITERDENKEN

1. Beschreibt eure eigenen Erfahrungen mit dem Vergleich dieser Geschichte. Fühlt euch in die Situation des Gleichnisses ein und schaut, ob ihr mit euren eigenen Erfahrungen ebenfalls an das Reich Gottes andocken könnt.

2. Setzt Jesaja 1,18–20 in Verbindung zu dem Gleichnis und erzählt euch von Situationen, wo euch genau das passiert ist.

3. Wenn 1. Johannes 1,9 wirklich stimmt und die einzige Voraussetzung für Sündenvergebung die ist, dass man in Bezug auf einen bestimmten Sachverhalt mit Gott übereinstimmt und ihn genauso wie Gott als Sünde, als „Schmutzfleck" bezeichnet, kann man sich danach dann wirklich als vollkommen rein und makellos bezeichnen?

4. Wozu dienen dann die langen Zeiten der Wiederherstellung, die einem in manchen Gemeinden nach der Vergebung auferlegt werden?

5. Welche Bibelstellen fallen euch noch zu dem Gleichnis ein? Und welche Fragen sind euch im Gespräch darüber gekommen? Bitte schreibt mir das, damit ich von euch lernen kann.

9. „Sowohl-als-auch"

Mit was wollen wir das Reich Gottes heute vergleichen? Das Reich Gottes ist die Art und Weise, wie Gott mit den Menschen umgeht. Das passiert da, wo wir leben. Es ist mitten unter uns und will von dir entdeckt werden. Wenn du wissen willst, wie es ist, dann denk doch zum Beispiel mal an das Licht.

Neulich wurden Fatima-Heike, Kevin und die anderen Hauptschüler aus der Vorstadtsiedlung im Physikunterricht ganz schön neugierig gemacht durch das Licht. Wie kann denn ein Ding zugleich etwas ganz anderes sein? Das war doch Quatsch. Aber genau das hatte dieser Planck vom Licht behauptet, und er und seine Freunde, Einstein, Bohr und so, hatten dafür auch noch irgendwelche Preise bekommen, hatte ihre Lehrerin, Frau Müller, erzählt. Was die Kids schon mal ganz komisch fanden war ja, dass bei so etwas enorm Wichtigem wie Licht irgendwie keiner so genau weiß und nachfragt, was das eigentlich ist, das Licht. Man knipst es einfach an und es ist da. Und wenn es fehlt, dann fällt es einem auf. Sie mussten es jedenfalls jetzt lernen.

Sie saßen unter einer großen Terebinthe an einem der Spielplätze der Siedlung und Kevin las den anderen aus dem Schulbuch vor: „Bereits im Jahre 1690 ordnete der niederländische Physiker Christiaan Huygens dem Licht – in Anlehnung an die Schallwellen – eine Wellennatur zu. Im 19. Jahrhundert untermauerten die Theorien des Physikers James Clerk Maxwell die Annahme, dass sich Licht als elektromagnetische Welle fortbewegt. Albert Einstein hat dann darauf hingewiesen, dass Licht auch eine andere Gestaltform annehmen kann. Er behauptete im Jahre 1905, dass Licht neben seiner 100%igen Wellennatur auch ein Teilchen sein muss, weil es beim Auftreffen auf eine Metallplatte Elektronen aus der Platte herausschlagen kann."

Kevin klappte das Buch zu und seufzte: „Die Eigenschaft des Lichts, sich sowohl wie eine Welle als auch wie ein Teilchen verhalten zu können, finde ich eines der merkwürdigsten Phänomene in der Natur. Das schließt sich doch eigentlich aus. Entweder Welle oder Teilchen, aber doch nicht beides zusammen." –„Das finde ich auch", sagte Fatima-Heike und dachte dabei an ihren Vater, der manchmal so schnell seine Emotionszustände wechselte, dass sie wie zwei nicht zueinander passende Seiten ein und desselben Menschen wirkten. In dem Buch stand noch, dass Niels Bohr später für dieses Phänomen des „Sowohl-als-auch" den Begriff der Komplementarität geprägt hat. Das klingt nach komplex und kompliziert, dachte sich Fatima-Heike und schmunzelte. „Vielleicht sind die Welt und alles in ihr drin einfach so großartig, dass man sie mit nur einer Beschreibung nicht erfassen kann. Man muss Plus und Minus zusammenbringen, damit was geht."

So ist das Reich Gottes auch und es ist noch ganz anders. Aber davon erzähle ich ein anderes Mal.

ZUM WEITERDENKEN

1. Beschreibt eure eigenen Erfahrungen mit Situationen, Dingen oder Menschen, die sowohl als auch sein können. Fühlt euch in die Situation der Geschichte ein und schaut, ob ihr mit euren eigenen Erfahrungen ebenfalls an das Reich Gottes andocken könnt.

2. Unterhaltet euch im Licht des Gleichnisses über die Aussage, dass Jesus Christus wahrer Mensch und wahrer Gott zugleich ist, also ein 200%-Wesen.

3. Setzt folgende Bibelstellen in Bezug zum Gleichnis: Lukas 17,21 / Philipper 2,12b und 13 / Johannes 17,16 und 18.

4. Welche Bibelstellen fallen euch noch zu dem Gleichnis ein? Und welche Fragen sind euch im Gespräch darüber gekommen? Bitte schreibt mir das, damit ich von euch lernen kann.

10. Die Liebesaffäre

Mit was wollen wir das Reich Gottes heute vergleichen? Das Reich Gottes ist die Art und Weise, wie Gott mit den Menschen umgeht. Das passiert da, wo wir leben. Es ist mitten unter uns und will von dir entdeckt werden. Wenn du wissen willst, wie es ist, dann denk doch zum Beispiel mal an eine Liebesaffäre.

Ein Kinderarzt besaß ein Haus mit weitläufigem Garten. Seine Frau war anmutig und von innerer und äußerer Schönheit. Sie liebte ihn von Herzen. Aber das Haus des Nachbarn war größer und es war mit einem Swimmingpool ausgestattet. Außerdem war der Garten des Nachbarn günstiger geschnitten. Vom Wohnzimmer aus überblickte der Arzt den fremden Garten und konnte sich an seinem Zuhause nicht mehr erfreuen. Der Nachbar hatte eine Frau. Sie war anders als die Ehefrau des Arztes, sie war Künstlerin und hatte blitzende, grüne Augen. Oft stand sie im Garten und malte. Sie malte kleine Dinge auf riesige Leinwände, ein Stück Moos, eine Ameise, ein Vogelnest. Dem Arzt gefiel seine eigene Frau sehr, trotzdem musste er häufig an die Frau des Nachbarn denken und daran, wie es wäre, eine solche Frau zu haben.

Ihr Mann arbeitete in Kuwait als Ingenieur und war so gut wie nie zu Hause. Fühlte sie sich nicht einsam? Manchmal stellte er sich vor, sie zu küssen und in ihre grünen Augen zu sehen. Einmal, als sie im Garten stand und malte, ging er zu ihr hinüber. Er sprach mit ihr über ihre Bilder. Am nächsten Tag ging er wieder hin, und am nächsten wieder. Er begleitete sie in den Schuppen, wo sie ihre Farben aufbewahrte, und küsste sie. Sie begehrten einander. Einige Wochen kosteten sie das Begehren aus, dann schliefen sie miteinander. Als die Frau des Arztes sie dabei entdeckte, brach es ihr das Herz. Zuerst versuchte sie, ihre Ehe zu retten. Aber der Arzt konnte die Künstlerin nicht lassen, er log seine Frau an, bis sie es vor Schmerz nicht mehr ertragen konnte, ihn zu sehen. Sie ließ sich von ihm scheiden.

Der Arzt besuchte seine Geliebte noch eine Weile, dann versöhnte sie sich mit ihrem Mann und zog einen Schlussstrich unter die Affäre. Sie packte ihre Sachen und reiste nach Kuwait. Um die Ehefrau auszubezahlen, musste der Arzt das Haus verkaufen. Jeden Abend, wenn er müde von der Arbeit in die neue Wohnung kam, saß er in seiner Küche, wärmte sich mit der Mikrowelle etwas auf und aß allein. Die Wohnung blieb kalt und ungemütlich. Er dachte an sein Haus, an die Frau, die ihn von Herzen geliebt hatte. Und er weinte über sich.

So ist das Reich Gottes auch, es ist noch ganz anders. Aber davon erzähle ich ein anderes Mal.

Zum Weiterdenken

1. Beschreibt eure eigenen Erfahrungen mit dem Vergleich dieser Geschichte. Fühlt euch in die Situation des Gleichnisses ein und schaut, ob ihr mit euren eigenen Erfahrungen ebenfalls an das Reich Gottes andocken könnt.

2. Du sollst nicht begehren deines Nächsten Haus, Weib ... usw. So steht es in den Zehn Geboten. Die Dinge sind ungerecht verteilt auf dieser Welt. Ist es nicht nur „natürlich", sich über diese Ungerechtigkeit zu ärgern?

3. Worum beneidest du andere? Um ihren Partner, ihre Kleidung, ihre Beliebtheit, ihr Können?

4. Was ist an Neid so zerstörerisch?

5. Gibt es Tage, an denen du glücklich bist mit dem, was du kannst und hast? Was hilft dir dabei, diese Zufriedenheit und Dankbarkeit zu empfinden?

6. Welche Bibelstellen fallen euch zu dem Gleichnis ein? Und welche Fragen sind euch im Gespräch darüber gekommen? Bitte schreibt mir das, damit ich von euch lernen kann.

11. Blinder Aktionismus

Mit was wollen wir das Reich Gottes heute vergleichen? Das Reich Gottes ist die Art und Weise, wie Gott mit den Menschen umgeht. Das passiert da, wo wir leben. Es ist mitten unter uns und will von dir entdeckt werden. Wenn du wissen willst, wie es ist, dann denk doch zum Beispiel mal an den jungen Mann, auf dessen Beerdigung so wenige Menschen kamen, weil sie keine Zeit dafür in ihren Terminkalendern fanden.

Der junge Mann hatte sein Leben ganz der Suche nach dem Übernatürlichen hingegeben. Er zog von Veranstaltung zu Veranstaltung, von Religion zu Religion, und entwickelte sich zu einer anerkannten Koryphäe, wenn es um die Echtheit religiöser Erfahrungen ging. Immer wieder spürte er ein zartes Ziehen in seinen Gedärmen, wenn er in die Nähe einer neuen spirituellen Erfahrung gekommen war. Aber der hartnäckig wiederkehrende Hunger nach der nächsten Erfahrung zeigte ihm auch den noch vor ihm liegenden Weg. Als er Gott schließlich gefunden hatte, war er so glücklich, dass sein Herz bei jedem Dienst, den er für seinen Gott tat, vor inniger Lust geradezu brannte. Er empfand diesen verzehrenden Schauer als so sättigend, dass er immer mehr davon haben wollte.

In der neuen Gemeinschaft der Gleichgesinnten übernahm er darum immer mehr Aufgaben. Auch hier wurde er mit jeder Erfahrung und jedem Dienst immer erfolgreicher. Als man ihn eines Tages dazu überreden konnte, einmal Urlaub zu machen, wusste der junge Mann zunächst gar nicht mehr, wie er seine Zeit füllen sollte. Er sah die wundervolle Fauna und Flora und wusste, dass sie von Gott geschaffen war. Er sah, roch und schmeckte die erlesenen Speisen, die man ihm kredenzte, und wusste, dass auch sie von seinem Gott kamen. Aber nichts von alledem konnte sein Herz in der Weise zum Brennen bringen, wie eine Aktion für seinen Gott. Darüber wurde der junge Mann ganz unruhig und traurig.

Ein paar Tage später wurde er an seinem paradiesischen Urlaubsort sehr krank. Und es gab keine Medizin, die ihm helfen konnte. Er hatte das Gefühl, ganz von Gott verlassen zu sein. Bis er schließlich, als er schon auf dem Sterbebett lag, das brennende Gefühl der Gegenwart Gottes wieder spürte. Die Luft in seinem Krankenzimmer schien für einen kurzen Moment zu schillern, dann entstand vor seinen Augen so etwas wie ein Dimensionsriss und er sah Gott. Der junge Mann spürte wieder das zarte Ziehen in seinen Gedärmen, das er früher immer in der Nähe von neuen spirituellen Erfahrungen gespürt hatte, und freute sich schon auf neue Aktionen für Gott. Aber Gott lächelte, breitete die Arme aus und sagte zu ihm: „Mein lieber Sohn, komm zu mir ..." – „Moment mal, Gott", unterbrach ihn da der junge Mann, der ahnte, worauf das alles hinauslaufen würde, „ich habe so viele Dinge für dich getan, und gerade jetzt gibt es auch wieder so viel zu tun. Nur damit ich das alles zu deiner Zufriedenheit hinbekomme, habe ich diesem Urlaub überhaupt zugestimmt. Und jetzt willst du mich hier sterben lassen? Wer wird dein Reich weiter aufbauen, wenn ich nicht mehr da bin?"

Und Gott lächelte weiter, nahm sich die Zeit zuzuhören und raunte seinen besorgten Engeln, die den Thron umflatterten, kurz zu: „Der Himmel kann warten, meine Lieben, mein Freund hier nicht." Als der junge Mann all seinen Ärger rausgelassen hatte und sein Herz wieder leer war, nahm Gott ihn in die Arme und füllte eine große Flasche Herzbrand in seine Seele: „Ja, es ist wahr, es gibt viel zu tun und ich will die ganze Welt gewinnen", sagte er zu dem jungen Mann, „aber niemals auf Kosten deiner Seele. Vor allem anderen will ich Zeit mit dir verbringen und dich glücklich machen." Und dann gingen die beiden, Gott und der junge Mann, Hand in Hand der Ewigkeit entgegen, und man konnte kaum sagen, wessen Herz mit jedem Schritt mehr vor Freude hüpfte.

So ist das Reich Gottes auch und es ist noch ganz anders. Aber davon erzähle ich ein anderes Mal.

ZUM WEITERDENKEN

1. Beschreibt eure eigenen Erfahrungen mit dem Vergleich dieser Geschichte. Fühlt euch in die Situation des Gleichnisses ein und schaut, ob ihr mit euren eigenen Erfahrungen ebenfalls an das Reich Gottes andocken könnt.

2. Welche Prioritäten empfindest du in deinem Glaubensleben?

3. Wenn du nichts tun müsstest, um in den Himmel zu kommen, wie sähe dein Leben dann aus?

4. Setzt folgende Bibelstellen in Bezug zu dem Gleichnis: Galater 6,15 / Hebräer 12,2.

5. Welche Bibelstellen fallen euch noch zu dem Gleichnis ein? Und welche Fragen sind euch im Gespräch darüber gekommen? Bitte schreibt mir das, damit ich von euch lernen kann.

12. Ein Tag am Strand

Mit was wollen wir das Reich Gottes heute vergleichen? Das Reich Gottes ist die Art und Weise, wie Gott mit den Menschen umgeht. Das passiert da, wo wir leben. Es ist mitten unter uns und will von dir entdeckt werden. Wenn du wissen willst, wie es ist, dann denk doch zum Beispiel mal an die Jugendgruppe aus dem Hochhausviertel, die neulich Camping am Strand machte.

Was für ein wunderbarer Tag, alle waren sie mitgekommen, selbst Jürgen, Kevin, Karl-Mohamed und auch Chiara mit ihren Freundinnen Fatima-Heike und Natascha. Die sozial und religiös trennenden Aspekte des Viertels schmolzen mit jedem Kilometer dahin. Als sie ankamen, ließ die Sonne das Wasser glitzern, als würden Tausende Diamanten auf ihm tanzen. Das Lachen der Menschen, ihre Gespräche und unterschiedlichen Ansichten vermischten sich zu einem würzig-süß-summenden Bienenschwarm. Ruhig floss der Tag dahin, es war warm, keiner musste sich Sorgen machen. Die beiden Sozialarbeiter Lorna und Jakob vom Jugendtreff hatten an alles gedacht: Würstchen mit und ohne Schwein, Cola, Fanta und sogar Wasser. Die Jugendlichen hatten Salate von ihren Müttern mitbekommen. Und weder die Holzkohle noch die Esbit-Würfel und auch nicht die Spielekiste waren vergessen worden, wie das früher schon mal vorgekommen war. Dann kam, nach genügend Action, Grillen und Chillen, der Sonnenuntergang.

Während alle am Strand saßen und Glück ausatmeten, fanden die beiden Jugendlichen aus moslemisch-christlichen Familien Gefallen an der Vorstellung, dass sich die Sonne, die Energie des Lebens, nun auch anderen auf der Welt zuwenden würde. „Ein schönes Bild", stimmte die Sozialarbeiterin den beiden zu. „Was uns den Tag über glücklich gemacht hat, verschenkt sich nun an andere. Aber das bedeutet auch, dass es für uns jetzt kälter wird. Lasst uns also mal zur Feuerstelle rübergehen." Der Sozialarbeiter hatte mit einigen der Jugendlichen bereits am Spätnachmittag Holz gesammelt und zu einer Pyramide aufgeschichtet. Jetzt den züngelnden Flammen zuzusehen, ließ alle schnell um das Feuer herum zusammenrücken. So blieb die Kälte hinter ihnen und sie konnten mit der Wärme des Feuers die Erinnerung an die Sonne wachhalten. Sie erzählten sich Geschichten davon, was sie alles im Sonnenschein gemacht hatten, sangen Lieder voller Sehnsucht und warteten auf den nächsten Sonnenaufgang. Keiner verspürte Lust, seinen eigenen Wegen nachzugehen, wie das zu Hause so oft der Fall war, wenn man sich provoziert fühlte, weil irgendwer mal wieder keinen Respekt vor den persönlichen Unterschieden gezeigt hatte. Keiner ging vom Feuer und der Gemeinschaft weg, weil es in der Dunkelheit der Nacht einfach spürbar zu kalt war.

So blieben sie alle beieinander und wärmten sich, bis der Bus kam, um sie nach Hause zu bringen – zurück in die Stadt.

So ist das Reich Gottes auch und es ist noch ganz anders. Aber davon erzähle ich ein anderes Mal.

ZUM WEITERDENKEN

1. Beschreibt eure eigenen Erfahrungen mit Strandausflügen und Lagerfeuergemeinschaft, zusammen mit Menschen aus unterschiedlichen religiösen und ethnischen Hintergründen. Fühlt euch in die Situation der Geschichte ein und schaut, ob ihr mit euren eigenen Erfahrungen ebenfalls an das Reich Gottes andocken könnt.

2. Welche Rolle spielen soziale und kulturelle Hintergründe im Reich Gottes? Welche spielen sie in unserem Alltagsleben?

3. Welche Erfahrungen teilen wir mit allen Menschen auf diesem Planeten?

4. Wenn das Reich Gottes ist wie ein Tag am Strand – wer sind dann die Sozialarbeiter?

5. Was meint Jesus, wenn er sagt, „das Reich Gottes ist nahe"? Worauf richten wir dabei unsere Aufmerksamkeit?

6. Setzt folgende Bibelstellen in Bezug zu dem Gleichnis: Matthäus 5,45 / Matthäus 25,31–46 / Offenbarung 21,24.

7. Welche Bibelstellen fallen euch noch zu dem Gleichnis ein? Und welche Fragen sind euch im Gespräch darüber gekommen? Bitte schreibt mir das, damit ich von euch lernen kann.

13. Die Diskothek

Mit was wollen wir das Reich Gottes heute vergleichen? Das Reich Gottes ist die Art und Weise, wie Gott mit den Menschen umgeht. Das passiert da, wo wir leben. Es ist mitten unter uns und will von dir entdeckt werden. Wenn du wissen willst, wie es ist, dann denk doch zum Beispiel mal an die Diskothek neulich.

Es ist nicht immer leicht reinzukommen, aber wenn man es geschafft hat, ist es wie in einer ganz anderen Welt. Es ist laut und der Einzelne ist sofort in den Sound der Musik eingehüllt, die alles bestimmt. Das Licht ist gedämpft und man muss sich nicht mehr gegen die grelle Kälte des rauen Alltags schützen. In das Licht dieser neuen Welt getaucht, wogt ein ganzes Meer sanft und lockend auf der Tanzfläche. Man taucht ein und wird getragen von einer Welle der Liebe und des Friedens. Alle tanzen nach demselben Rhythmus, aber jeder auf ganz individuelle Weise. Niemand muss einen bestimmten Stil tanzen, und auch derselbe Stil kann slowmotioned oder doubletimed getanzt werden.

Die lineare Zeitausbreitung tritt in den Hintergrund und man vergisst fast die Zeit. Es herrscht Einigkeit, alle Tänzer verschmelzen zu einem großen Ganzen. Manch einer wird daran erinnert, dass die Edelsteine am Thron aus der Offenbarung das Licht bestimmt so cool reflektieren, wie die blinkenden Scheinwerfer, die sie um den Resident-DJ herum gruppiert haben. Der hat ein Auge auf die Stimmung und das Wohl der Menge und führt sie sanft durch seine Musik. Je länger der Abend dauert, desto mehr fallen in dieser sicheren Umgebung die in einer feindseligen Welt aufgebauten Hemmungen und Menschen öffnen sich einander. Glück sprüht wie ein Funkenregen aus unbekannten Augen und man teilt bereitwillig, was man hat. Und wenn sich jemand einschleicht, der Ärger macht, kommt sofort der Türsteher und wirft ihn hinaus in die Nacht, wo es kalt und einsam ist.

So ist das Reich Gottes auch und es ist noch ganz anders. Aber davon erzähle ich ein anderes Mal.

ZUM WEITERDENKEN

1. Beschreibt eure eigenen Erfahrungen mit Diskotheken, Partys und Musikfestivals. Fühlt euch in die Situation der Geschichte ein und schaut, ob ihr mit euren eigenen Erfahrungen ebenfalls an das Reich Gottes andocken könnt.

2. Setzt folgende Bibelstellen in Bezug zu dem Gleichnis: 2. Chronik 5,13 / 1. Chronik 15,16 / Offenbarung 21,11–23.

3. Welche Bibelstellen fallen euch noch zu dem Gleichnis ein? Und welche Fragen sind euch im Gespräch darüber gekommen? Bitte schreibt mir das, damit ich von euch lernen kann.

14. Der Unfall

Mit was wollen wir das Reich Gottes heute vergleichen? Das Reich Gottes ist die Art und Weise, wie Gott mit den Menschen umgeht. Das passiert da, wo wir leben. Es ist mitten unter uns und will von dir entdeckt werden. Wenn du wissen willst, wie es ist, dann denk doch zum Beispiel mal an die Geschichte eines Unfalls.

Eine junge Frau geriet während der Autofahrt ins Schleudern und raste mit ihrem Opel Corsa gegen einen Eichenbaum. Gegenüber stand ein Haus. Darin lebten vier Parteien: Im Erdgeschoss wohnte eine alte Frau, deren Mann verstorben war, und die seitdem ihre Tage mit Kreuzworträtselheften und dem Fernseher verbrachte. Im ersten Stock lebte eine fünfköpfige Familie. Der Vater war als Fernfahrer häufig unterwegs, die Mutter blieb mit ihren drei Kindern allein zu Hause. Im zweiten Stock wohnte ein Student und im dritten ein junges Ehepaar.

Als sich der Unfall ereignete, gab es ein fürchterliches Bersten und Krachen und Schrammen. Sofort stürzte der Student ans Fenster. Er sah das rauchende Wrack und machte mit der Handykamera ein Foto für seine Facebook-Freunde. Dann dachte er: „Die Alte aus dem Erdgeschoss ruft bestimmt den Rettungsdienst. Die hängt sowieso den ganzen

Tag hinter der Gardine, die freut sich doch, dass sie endlich was zu tun kriegt." Das junge Ehepaar saß beim Mittagessen. Der Mann sagte: „Hast du das gehört? Das ist eine stinknormale Kurve da draußen! Wenn die im Ort mal fünfzig fahren würden, wie vorgeschrieben, dann würde nicht dauernd so etwas passieren." Seine Frau wollte aufstehen, aber er sagte: „Bleib sitzen. Das ist nicht unsere Sache, dafür gibt es Feuerwehr und Polizei. Die können für unsere Steuergelder ruhig mal was tun." Die drei Kinder im ersten Stock hasteten zum Fenster und drückten ihre Nasen daran platt. „Ist das krass! Alter! Das Auto kannst du in die Tonne treten." Ihre Mutter zog sie vom Fenster weg. „Man gafft nicht, wenn jemandem etwas Schlimmes passiert." Sie warf einen kurzen Blick nach draußen. Hoffentlich geht es meinem Mann noch lange gut, dachte sie, nicht, dass ihm eines Tages auch so ein Unfall passiert. Sie überlegte kurz, ob sie den Notruf wählen sollte, aber dann dachte sie an die anderen im Haus und an die vorüberfahrenden Autos. Irgendjemand wird anrufen, sagte sie sich, einer, der nicht drei Kinder bändigen muss.

Die alte Frau im Erdgeschoss schob vorsichtig die Gardine beiseite und spähte nach draußen. Sie zuckte zusammen. Das Autowrack sah fürchterlich aus. Saß da noch ein Mensch drin? Mit zitternden Fingern wählte sie den Notruf. Dann aber dachte sie daran, was die anderen im Haus von ihr halten würden, sie redeten doch sowieso schon über sie, weil sie gern am Fenster stand. Besser sie ließ einen anderen telefonieren. Die jungen Leute waren ja auch viel flinker und wussten, was sie den Sanitätern sagen mussten. Sie war eine alte Frau, von ihr konnte man das nicht erwarten, und man sollte sie nicht im Fenster sehen, als würde sie sich am Unglück anderer ergötzen. Sie ging seufzend zum Fernsehsessel zurück und schaltete den Ton wieder ein. Draußen im Auto starb nach einer halben Stunde die junge Frau. Niemand hatte sich in ihr Leben eingemischt.

So ist das Reich Gottes nicht, es ist noch ganz anders. Aber davon erzähle ich ein anderes Mal.

ZUM WEITERDENKEN

1. Beschreibt eure eigenen Erfahrungen mit dem Vergleich dieser Geschichte. Fühlt euch in die Situation des Gleichnisses ein und schaut, ob ihr mit euren eigenen Erfahrungen ebenfalls an das Reich Gottes andocken könnt.

2. Stimmt der Satz: Wenn jeder an sich denkt, ist an alle gedacht?

3. Welche Ängste habe ich, wenn ich Menschen helfe?

4. Haben wir als Christen eine besondere Verantwortung? Müsste man unter dieser Verantwortung nicht zerbrechen?

5. Gott ist doch letztendlich verantwortlich für seine Geschöpfe. Was ist dann unser Job?

6. Setzt folgende Bibelstellen in Bezug zu dem Gleichnis: 1. Mose 4,9 / Galater 6,2 / Lukas 10, 25–37.

7. Welche Bibelstellen fallen euch noch zu dem Gleichnis ein? Und welche Fragen sind euch im Gespräch darüber gekommen? Bitte schreibt mir das, damit ich von euch lernen kann.

15. Die Pralinenschachtel

Mit was wollen wir das Reich Gottes heute vergleichen? Das Reich Gottes ist die Art und Weise, wie Gott mit den Menschen umgeht. Das passiert da, wo wir leben. Es ist mitten unter uns und will von dir entdeckt werden. Wenn du wissen willst, wie es ist, dann denk doch zum Beispiel mal an den Pralinenladen.

Der gut sortierte Pralinenladen hat weit über 1.000 verschiedene Pralinensorten. Eine Kundin betrat den Laden und fühlte sich in ein Märchen aus Tausendundeiner Nacht versetzt. Unterschiedlichste Düfte hingen wohlig in der Luft. Der Geruch mischte sich mit Farben und Formen zu einer fast surrealen Melange, der man sich nicht entziehen konnte. Sie stellte ihrem Freund eine Überraschungspackung zusammen mit illustren Geschmäckern wie Mango-Chili, Knoblauch-Nuss, Ananas-Safran und vielem mehr, und eine der Pralinen schmeckte nach Rheinischem Sauerbraten. Da würde er ganz schön das Gesicht verziehen und eine ganze Weile von der Schachtel lassen. Aber im Endeffekt würde er den Pralinen trotzdem nicht widerstehen können, freute sie sich schon beim Gedanken.

Im Grunde genommen ist eine Pralinenschachtel eine mobile Miniatur des ganzen unwiderstehlichen Ladens. Und da ihr Freund bisher noch keine Lust gehabt hatte,

den Laden mit ihr zu besuchen und zu erkunden, war sie auf die Idee mit der Pralinenschachtel gekommen. Denn wer eine davon genießt, hat einen Vorgeschmack auf die Fülle des Ladens.

Und so war es auch. Ihr Freund hatte die Schachtel ständig bei sich und freute sich darauf, immer neue Sorten auszuprobieren. Jedes Mal, wenn er eine Praline aus der Schachtel nahm und sie sich genüsslich in den Mund schob, war er gespannt. Man weiß ja noch nicht, wie es einem schmecken wird. Manchmal erinnert der Geschmack einen an etwas, das man schon einmal gegessen hat, manchmal ist man total überrascht. So wie bei der Rheinischer-Sauerbraten-Praline. Aber auch das konnte ihr Freund gut verkraften, denn es ist jedes Mal die Süße der Schokolade, die man zunächst langsam durchdringt, die einen in einen Zustand versetzt, in dem man alles Nachfolgende ertragen kann.

So ist das Reich Gottes auch und es ist noch ganz anders. Aber davon erzähle ich ein anderes Mal.

ZUM WEITERDENKEN

1. Beschreibt eure eigenen Erfahrungen mit dem Vergleich dieser Geschichte. Fühlt euch in die Situation des Gleichnisses ein und schaut, ob ihr mit euren eigenen Erfahrungen ebenfalls an das Reich Gottes andocken könnt.

2. Gibt es in eurer Gemeinde auch unterschiedliche „Geschmacksrichtungen", oder schmeckt sie Neuankömmlingen eher fad?

3. Bist du noch neugierig auf andere „Geschmacksrichtungen" des Glaubens?

4. Was könnte die „Schokolade" um neue Erfahrungen im Reich Gottes herum sein?

5. Setzt folgende Bibelstellen in Bezug zu dem Gleichnis: 1. Korinther 13,7 / Jesaja 61,1b / 2. Korinther 2,15 / 1. Korinther 12,4–7.

6. Welche Bibelstellen fallen euch noch zu dem Gleichnis ein? Und welche Fragen sind euch im Gespräch darüber gekommen? Bitte schreibt mir das, damit ich von euch lernen kann.

16. Sex

Mit was wollen wir das Reich Gottes heute vergleichen? Das Reich Gottes ist die Art und Weise, wie Gott mit den Menschen umgeht. Das passiert da, wo wir leben. Es ist mitten unter uns und will von dir entdeckt werden. Wenn du wissen willst, wie es ist, dann denk doch zum Beispiel mal an Sex.

Beim Sex öffnen sich beide Partner total voreinander. Sie schauen gegenseitig ihre Nacktheit an im Licht ihrer Liebe. Und das verringert, je öfter sie es tun, die Dunkelheit der Scham, die Angst, nicht geliebt zu werden, so wie sie sind. Spielerisch erkunden die Partner einander, entdecken, was dem anderen gefällt, bis sie von einem reißenden Strom der Leidenschaft mit auf die Reise genommen werden. Fast hat man beim Sex das Gefühl, man müsse nur noch eine letzte Tür aufstoßen und man stünde wieder mitten im Paradies, hätte die Engel mit den Flammenschwertern überwunden.

Aber dann ist es auch schon wieder vorbei, weswegen die Franzosen den Orgasmus auch „den kleinen Tod" nennen.

Dann liegen die Partner verschwitzt nebeneinander und hängen ihren Gedanken nach, denn die Erinnerung ist das einzige Paradies, aus dem wir nicht vertrieben werden können. Nach einer Weile beginnen sie, sich zu vergewissern, dass das, was sie eben miteinander erlebt haben, ihre Beziehung tragen wird. Und dann betrachten sie einander wieder achtsam, so lange, bis es wieder zum nächsten Sex kommt.

So ist das Reich Gottes auch und es ist noch ganz anders. Aber davon erzähle ich ein anderes Mal.

ZUM WEITERDENKEN

1. Beschreibt eure eigenen Erfahrungen mit dem Vergleich dieser Geschichte. Fühlt euch in die Situation des Gleichnisses ein und schaut, ob ihr mit euren eigenen Erfahrungen ebenfalls an das Reich Gottes andocken könnt.

2. Setzt folgende Bibelstellen in Bezug zu dem Gleichnis: 1. Mose 3,24 / 1. Mose 3,7 / 1. Mose 4,1a / 1. Korinther 13,12b.

3. Welche Bibelstellen fallen euch noch zu dem Gleichnis ein? Und welche Fragen sind euch im Gespräch darüber gekommen? Bitte schreibt mir das, damit ich von euch lernen kann.

17. Der amerikanische Traum

Mit was wollen wir das Reich Gottes heute vergleichen? Das Reich Gottes ist die Art und Weise, wie Gott mit den Menschen umgeht. Das passiert da, wo wir leben. Es ist mitten unter uns und will von dir entdeckt werden. Wenn du wissen willst, wie es ist, dann denk doch zum Beispiel mal an den Tellerwäscher, der zum Millionär wurde.

Das hätte er sich nie träumen lassen, als er damals aus dem Gefängnis entlassen wurde. Einsam war er die Straße entlanggegangen und hatte seinen trüben Gedanken nachgehangen. Er hatte alles verloren. Seine Familie war weg, sein Geld war weg, sein guter Ruf war weg und eine Ausbildung hatte er auch nicht. Er war schon früh auf die schiefe Bahn geraten und wusste noch nicht einmal mehr genau, warum. Dann sah er plötzlich dieses Schild im Schaufenster einer Imbissbude: Küchenhilfe gesucht. „Was wird das schon sein?", dachte er sich bitter. „Aber immer noch besser als nichts." Er bekam den Job und wusch Tag für Tag Berge von schmutzigem Geschirr. In den Nächten durfte er hinten im Lager auf einer alten Matratze schlafen. Nach einiger Zeit sparte sich der Imbiss-Chef dann auch den Nachtwächter, da sein neuer Angestellter ja sowieso im Laden war. Immerhin bedeutete das etwas mehr Geld für diesen und er war dankbar, da er den Nachtwächterjob sozusagen im Schlaf mitmachte.

Irgendwann schaute er den Burgerbratern beim „Kochen" zu, machte es nach, ließ seine Fantasie spielen und erweiterte das Angebot der Imbissbude sogar. Der Imbiss-Chef vertraute ihm, dem ehemaligen Sträfling, immer mehr, bis der schließlich die ganze Imbissbude übernahm. Dann machte er Filialen auf, eine nach der anderen. Bald hatte er eine landesweite Imbissbuden-Kette. Und er war selbst immer bereit, Menschen eine Chance zu geben, die so waren, wie er es einmal gewesen war. Damit er das nicht vergaß, hatte er die alte Matratze aus dem ersten Laden in seinem Büro hinter Glas an der Wand angebracht, sodass viele es für eine Installation moderner Kunst hielten. Aber das war ihm egal. Dankbar lächelnd schaute er mindestens ein Mal am Tag auf seine Vergangenheit.

So ist das Reich Gottes auch und es ist noch ganz anders. Aber davon erzähle ich ein anderes Mal.

ZUM WEITERDENKEN

1. Beschreibt eure eigenen Erfahrungen mit dem Vergleich dieser Geschichte. Fühlt euch in die Situation des Gleichnisses ein und schaut, ob ihr mit euren eigenen Erfahrungen ebenfalls an das Reich Gottes andocken könnt.

2. Setzt folgende Bibelstellen in Bezug zu dem Gleichnis: Matthäus 25,20–21 / 1. Timotheus 3,13.

3. Welche Bibelstellen fallen euch noch zu dem Gleichnis ein? Und welche Fragen sind euch im Gespräch darüber gekommen? Bitte schreibt mir das, damit ich von euch lernen kann.

18. Die Trauerfeier

Mit was wollen wir das Reich Gottes heute vergleichen? Das Reich Gottes ist die Art und Weise, wie Gott mit den Menschen umgeht. Das passiert da, wo wir leben. Es ist mitten unter uns und will von dir entdeckt werden. Wenn du wissen willst, wie es ist, dann denk doch zum Beispiel mal an die Gemeinschaft von Menschen auf einer Trauerfeier.

Als Fatima-Heike den Saal im 24. OG des Hotels hoch über der Stadt betritt und die Urne ihres Freundes Kevin vor der Skyline der Stadt im Abendrot sieht, muss sie weinen. Durch ihre Tränen hindurch sieht sie, wie durch ein Kaleidoskop, viele ihrer alten Freunde, die alle gekommen sind. Die meisten hat sie schon lange nicht mehr gesehen, die Wege sind so unterschiedlich verlaufen. Von anderen Besuchern hat sie gar nicht gewusst, dass sie mit Kevin befreundet gewesen waren. Aber allen fällt auf dieser Trauerfeier sofort auf, dass etwas nicht mehr funktioniert, dass jemand fehlt – na klar, Kevin ist ja auch gestorben. So oft hatte Fatima-Heike in den letzten Tagen auf den leeren Briefkasten gestarrt, das stumme Handy, hatte versucht, sich an sein Lachen zu erinnern, wenn sie von der Kantine zurück an die Arbeit gingen.

„Ich finde, es ist, als ob der Kontakt abgerissen ist", hört sie jemanden sagen. Als wäre einem der Kühlschrank kaputtgegangen, der Fernseher oder das Auto. Erst dann fällt einem auf, wie selbstverständlich manche Dinge einen Platz im Alltag eingenommen haben. Und dieses Bewusstsein der Leere ist es auch, das die Menschen auf einer Trauerfeier zunächst vereint. Sie empfinden denselben Schmerz des Verlusts, wenn auch in unterschiedlicher Intensität. Und alle schauen in dieselbe Richtung, nämlich nach vorne in die Zeit. Man hofft, man erwartet, man ist ängstlich, zornig, resigniert, wie auch immer ... Aber man sucht auf alle Fälle zitternd und mit unsicheren Schritten nach etwas, das den leer gewordenen Platz im eigenen Innern füllt. Wie soll es denn jetzt weitergehen, wie kann es weitergehen, wie wird es weitergehen, ist die Frage, die die Gäste umtreibt. Darum war es auch sehr still, als der Trauerredner zu sprechen anfing. So aufmerksam waren sie in ihrem Leben nie gewesen, musste Fatima-Heike insgeheim mit Blick auf Kevins Urne schmunzeln. Aber als die Band dann begann, „ihr" Lied zu spielen, lehnte sie sich hemmungslos schluchzend an die Schulter eines ihr fremden Menschen neben ihr. Viele Menschen lagen sich jetzt in den Armen. Man war einfach froh, nicht allein zu sein in seiner Trauer über das, was nicht mehr funktioniert. „Ein Ort, an dem wir uns trauen, zusammen zu weinen über das, was uns fehlt, obwohl wir uns nicht kennen, ist der Tisch, an dem Gott selbst Platz nimmt und uns begegnet", sagt der Pfarrer da gerade. „Das Reich Gottes ist mitten unter uns und wir werden daran erinnert in vielem, was uns im Alltag begegnet."

So ist das Reich Gottes auch und es ist noch ganz anders. Aber davon erzähle ich ein anderes Mal.

ZUM WEITERDENKEN

1. Beschreibt eure eigenen Erfahrungen mit dem Vergleich dieser Geschichte. Fühlt euch in die Situation des Gleichnisses ein und schaut, ob ihr mit euren eigenen Erfahrungen ebenfalls an das Reich Gottes andocken könnt.

2. Berichtet euch mal in eurem Hauskreis über Dinge, die in eurem Leben nicht mehr funktionieren und von denen ihr Abschied nehmen wollt. Das sind im Übrigen eure Sünden,

nämlich das, was euch dem Leben, wie Gott es sich gedacht hat, entfremdet.

3. Sprecht über eure unerfüllten Sehnsüchte.

4. Wo kannst du Abschied nehmen von überholten Vorstellungen, die bisher ihre Berechtigung hatten, dir momentan aber den Blick nach vorne auf die Gegenwart des Reiches Gottes versperren?

5. Setzt folgende Bibelstellen in Bezug zu dem Gleichnis: Matthäus 5,4 / Hebräer 13,14 / Philipper 3,12–14.

6. Welche Bibelstellen fallen euch noch zu dem Gleichnis ein? Und welche Fragen sind euch im Gespräch darüber gekommen? Bitte schreibt mir das, damit ich von euch lernen kann.

19. Freizeitaktivitäten

Mit was wollen wir das Reich Gottes heute vergleichen? Das Reich Gottes ist die Art und Weise, wie Gott mit den Menschen umgeht. Das passiert da, wo wir leben. Es ist mitten unter uns und will von dir entdeckt werden. Wenn du wissen willst, wie es ist, dann denk doch zum Beispiel mal an Freizeitaktivitäten.

Eine junge Frau wollte Gott kennenlernen. Sie nahm sich vor, zu beten. Aber als sie sah, wie schön die Schneeflocken vor ihrem Fenster fielen, kaufte sie sich einen neuen Skianzug, fuhr ins Sauerland und brauste die Hänge hinunter, und sie war glücklich und vergaß Gott. Zu Hause setzte der Alltagsstress wieder ein. Sie erinnerte sich an ihr Vorhaben und lud Gott ein, sich ihr zu zeigen. Sobald sie aber zum Beten die Augen schloss, strömten tausend Gedanken auf sie ein, Dinge, die sie noch erledigen musste, Sorgen und Termine. Sie brachte kaum einen klaren Satz zustande. Um sich vom Stress abzulenken, kaufte sie sich stattdessen einen iPod und spielte all ihre Musik darauf, beim Musikhören entspannte sie sich leichter als beim Beten.

Freunde überredeten sie, sich bei Facebook anzumelden. Fortan verbrachte sie jeden Tag eine Stunde damit, nach Leuten zu suchen, die sie von früher kannte, und zu schauen, was alle so machten und schrieben. Das war ein großes Vergnügen. Abends war sie müde. Sie sagte ihrem Schöpfer, dass sie sich eine Freundschaft mit ihm wünschte, und schlief ein. Eine neue Zeitschrift kam auf den Markt, die sie lesen wollte. Einen Kinofilm, über den alle sprachen, durfte sie nicht verpassen. Allerdings kam ihr das Leben manchmal vollgestopft vor und sie sehnte sich nach Ruhe. In solchen Momenten schrie sie innerlich zu Gott. Jede Lücke in ihrem Wochenablauf füllte sich, es ging schneller, als sie denken konnte. Auf Gottes Antwort konnte sie nicht warten.

Um sich zu erholen und über ihr Leben nachzudenken, fuhr die junge Frau für eine Woche in die Karibik. Allein. Sie wollte Zeit haben, sich wiederzufinden. Was fühlte sie? Was wünschte sie sich wirklich? Am Strand verliebte sie sich in einen verheirateten Mann. Der Urlaub wurde zum Desaster. Mit letzter Kraft riss sie sich von ihm los, verließ das Hotel, fuhr am Meer entlang und suchte nach einer neuen Bleibe. Und als sie traurig und still im Auto saß, da begegnete ihr Gott. „Endlich treffen wir uns", sagte er.

Die junge Frau fühlte sich schlecht. Sie entschuldigte sich bei Gott, dass sie sich nie Zeit für ihn genommen hatte. Sie entschuldigte sich für den Skianzug, die Zeitschriften, die Filme, die Freunde und die Karibik. Und Gott sagte: „Der Skianzug ist gut. Ich habe den Schnee geschaffen. Der iPod ist gut. Ich habe Musik erfunden und habe mir ausgedacht, dass sie euch berühren soll. Die Karibik ist gut. Habe ich sie nicht prächtig gemacht? Es ist gut, dass du liest und Filme siehst und Freunde triffst. Aber dein Leben ist lang, versuche nicht, alles sofort zu bekommen. Wenn du etwas genießt, teile es mit mir. Ich bin da. Teile dein Vergnügen mit mir und deine Trauer, das baut die Freundschaft auf, die du dir wünschst. Wenn du Ski fährst, brülle in den Wind: Danke, Gott, für den Schnee! Wenn du Musik hörst, lächele mich an. Wenn du schwimmst, denke daran, dass ich das Wasser gemacht habe und deine Haut und dass es sich gut anfühlt, wenn du das Nass durchschwimmst, weil ich dir Freude schenke. Rede mit mir über die Facebook-Bekanntschaften."

Die junge Frau weinte. „Da muss ich dir gleich etwas sagen", schluchzte sie, „dieser Mann hier am Strand ..." – „Habe ich ihn nicht schön gemacht?", sagte Gott. „Schön und klug! Aber er ist für eine andere Frau gedacht. Ihre Ehe ist heilig." – „Wann werde ich einen Mann für mich finden?", fragte sie. Gott lächelte. Er sagte: „Ich mag es, wenn du mir Fragen stellst."

So ist das Reich Gottes auch und es ist noch ganz anders. Aber davon erzähle ich ein anderes Mal.

ZUM WEITERDENKEN

1. Beschreibt eure eigenen Erfahrungen mit dem Vergleich dieser Geschichte. Fühlt euch in die Situation des Gleichnisses ein und schaut, ob ihr mit euren eigenen Erfahrungen ebenfalls an das Reich Gottes andocken könnt.

2. Warum stopfen wir unser Leben so voll? Welche Sorge steckt dahinter?

3. Interessiert es Gott überhaupt, wenn ich ihm von einem Film erzähle, den ich gerade gesehen habe, oder von einer Ameise, die mir gefällt? Sollte ich nicht eher über die großen Weltprobleme mit ihm reden?

4. Viele Christen haben bei Entspannung und Vergnügen ein schlechtes Gewissen. Ist das berechtigt?

5. Traust du dich, Gott Fragen zu stellen? Rechnest du mit einer Antwort?

6. Welche Bibelstellen fallen euch zu dem Gleichnis ein? Und welche Fragen sind euch im Gespräch darüber gekommen? Bitte schreibt mir das, damit ich von euch lernen kann.

20. Der Tiefseeanglerfisch

Mit was wollen wir das Reich Gottes heute vergleichen? Das Reich Gottes ist die Art und Weise, wie Gott mit den Menschen umgeht. Das passiert da, wo wir leben. Es ist mitten unter uns und will von dir entdeckt werden. Wenn du wissen willst, wie es ist, dann denk doch zum Beispiel mal an ein Tiefseeanglerfischweibchen.

Um es zu finden, muss man in die Tiefe gehen, dahin, wo der Druck lebensbedrohlich wird. An diesen Orten ist gesellschaftlich betrachtet nicht viel los. Aber an der Oberfläche können Tiefseeanglerfische nicht existieren, man stößt frühestens ab 300 Metern unter der Wasseroberfläche auf sie. Eigentlich ist es dort ziemlich dunkel. Aber Bakterien erzeugen in ihrem Lebensraum, in diesen Tiefenzonen zwischen 1000 und 4000 Metern unter dem Meeresspiegel, Licht durch Biolumineszenz.

Tiefseeanglerfische sind relativ unerforscht, aber ökologisch unheimlich wichtig für ihre Umwelt. Sie leben da, wo sich kein Sonnenstrahl mehr hin verirrt. Aber auch sie haben eine Bio-Lampe, die das Dunkel erhellt. An den Rändern des Bereichs, den sie erleuchten, sieht man Kraken herumschweben, die gierig ihre Fangarme ausstrecken. Darüber hinaus singen dort nur noch ein paar Wale ihre wehmütigen Lieder von der verlorenen Heimat. Tiefseeanglerfischweibchen sehen nicht wie Everybody's Darling aus, sondern eher plump, mit aufgedunsenem Körper. Aber sie haben ein großes Herz. Überhaupt sind sie 500.000-mal schwerer als ihre Männchen, die nur 10 % der Standardgröße der Weibchen erreichen.

Wenn nun ein Tiefseeanglerfisch sein bisheriges Leben verlässt, um seinem Weibe anzuhangen, und die beiden ein Fleisch werden, dann tun sie das buchstabengetreu. Die beiden verwachsen richtiggehend miteinander. Sexualparasitismus nennen es die Wissenschaftler leicht despektierlich, aber das kümmert die Tiefseeanglerfische nicht. Das Wesen ihrer

Beziehung besteht darin, dass sie eine lebenslange Einheit bilden mit unterschiedlichen Aufgaben, die ihren Fähigkeiten entsprechen. Das Männchen besamt nun fortan das Weibchen beständig und sie ernährt ihn mit allem Lebensnotwendigen durch ihren gemeinsamen Blutkreislauf.

Die Gemeinden der Menschen sind übrigens eher wie Gottesanbeterinnen, die fressen ihre Männchen nach dem Sexualakt. Diese Art des Miteinander-Verschmelzens ist den Tiefseeanglerfischen fremd, obwohl sie viel bedrohlicher aussehen als die Gottesanbeterinnen.

So ist das Reich Gottes auch und es ist noch ganz anders. Aber davon erzähle ich ein anderes Mal.

ZUM WEITERDENKEN

1. Beschreibt eure eigenen Erfahrungen mit dem Vergleich dieser Geschichte. Fühlt euch in die Situation des Gleichnisses ein und schaut, ob ihr mit euren eigenen Erfahrungen ebenfalls an das Reich Gottes andocken könnt.

2. Setzt folgende Bibelstellen in Bezug zu dem Gleichnis: Hesekiel 34,1–16 / 1. Timotheus 1,5 / 2. Korinther 1,24. Setzt die Bibelstellen auch in Beziehung zueinander und diskutiert das Wesen des Reiches Gottes.

3. Wenn das Reich Gottes ein Tiefseeanglerfischweibchen ist, worin besteht dann der Unterschied zur Gottesanbeterin? Wie unterscheiden sich eigentlich Reich Gottes und Gemeinde?

4. Kann man 1. Mose 2,24 und 1. Korinther 12,26 in der im Gleichnis angedeuteten Weise auf das Leben der Christen im Reich Gottes anwenden?

5. Lest Jesaja 9,1 und 2 und fragt euch, wo das Reich Gottes in eurer Umgebung zu finden ist. Wie wirkt es sich da aus?

6. Welche Bibelstellen fallen euch noch zu dem Gleichnis ein? Und welche Fragen sind euch im Gespräch darüber gekommen? Bitte schreibt mir das, damit ich von euch lernen kann.

21. Die Überraschungsparty

Mit was wollen wir das Reich Gottes heute vergleichen? Das Reich Gottes ist die Art und Weise, wie Gott mit den Menschen umgeht. Das passiert da, wo wir leben. Es ist mitten unter uns und will von dir entdeckt werden. Wenn du wissen willst, wie es ist, dann denk doch zum Beispiel mal an die Überraschungsparty in der WG neben dem Schlachthof.

Eine junge Frau hatte ihr Leben lang noch keine Geburtstagsparty gefeiert, als sie mit einem der Bewohner der WG neben dem Schlachthof in Kontakt kam, der im Rahmen eines ehrenamtlichen Besuchsdienstes in einer psychosomatischen Klinik ihre Seele mit Gutem sättigen wollte. Als sie ihm davon erzählte, drehte es ihm schier das Herz in der Brust herum. Auf der Welle dieser Emotion ließ sich der WG-Bewohner zu einem Entschluss tragen. Er wollte dieser Ungerechtigkeit etwas Lebendiges entgegensetzen.

So machte er sich auf den Weg und lud seine Mitbewohner und Freunde ein, für die junge Frau, die bisher in ihrem Leben so wenig Wertschätzung erfahren hatte, eine Geburtstagsparty zu gestalten. Jeder sollte ein kleines Geschenk für die ihnen unbekannte junge Frau mitbringen, das in irgendeiner Form einen Teil des eigenen Herzens repräsentieren sollte.

So wollten sie gemeinsam ein Mosaikbild des Lebens zusammenlegen. Außerdem sollte es Essen und Trinken und Musik zur Genüge geben.

Die junge Frau lud der WG-Bewohner unter einem Vorwand am Tag ihres Geburtstags zu sich nach Hause in die WG neben dem Schlachthof ein. Nichts von alldem ahnend, folgte sie gerne dieser Einladung wie die Blume dem Licht. Als die Tür zur WG aufging und die junge Frau in das Licht von 20 Kerzen auf einer Torte und die vielen ihr zugewandten Augen schaute, die die Dunkelheit durchbrachen, schien die Welt einen Moment lang stillzustehen. Dann hörte man ihr Schluchzen, Schniefen und Schnäuzen die Stille mit Leben erfüllen. Dann intonierte der Chor ein swingendes Happy Birthday und es begann die Feier ihres Lebens, mit der gegen alles angefeiert wurde, was das Leben abschlachten will. Denn Partys sind dazu da, um auf das Leben zu stoßen, sie sind ein Vorgeschmack auf ein Paradies.

Es dauerte nicht lange, da wurden Nachbarn auf die Überraschungsparty in der WG neben dem Schlachthof aufmerksam. Sie fragten sich, was denn da los sei, wo sonst nur Tod und Verderben ihren Geruch verströmten. „Alles, was die Menschen daran hindert, ein Fest zu feiern, muss man aktiv bekämpfen: Kriege, Arbeitslosigkeit, Ungerechtigkeiten, Ausländerhass, Lügen und Betrügereien, Gewalt und dergleichen mehr", erklärten die Bewohner der WG den Nachbarn. Die aber blieben misstrauisch. Weil niemand nur einfach so Partys für einsame Menschen organisiere, die man kaum kenne, sagten sie. Diejenigen aber, die ihre Herzen für diese Idee öffneten und mitfeierten, zogen alle in der Mitte der Nacht fröhlich und sehr beschwingt ihre Straßen einem neuen Tag entgegen.

So ist das Reich Gottes auch und es ist noch ganz anders. Aber davon erzähle ich ein anderes Mal.

Zum Weiterdenken

1. Beschreibt eure eigenen Erfahrungen mit dem Vergleich dieser Geschichte. Fühlt euch in die Situation des Gleichnisses ein und schaut, ob ihr mit euren eigenen Erfahrungen ebenfalls an das Reich Gottes andocken könnt.

2. Wenn das Reich Gottes wie eine Party ist, wer ist dann die WG und wer sind die Nachbarn?

3. Neben welchem Schlachthof befindet sich eigentlich deine Wohnung, deine Gemeinde, deine Arbeitsstelle?

4. Wen kennt ihr in eurer Umgebung, der eine Überraschungsparty brauchen würde? Überlegt, wie ihr das konkret umsetzen könnt, und probiert es dann einmal aus.

5. Lohnt sich eine solche Aktion auch dann, wenn kein Hinweis auf Gott erfolgt, also kein missionarischer Impuls gesetzt wird?

6. Setzt folgende Bibelstellen in Bezug zu dem Gleichnis: 5. Mose 14,24–29 / Johannes 2,10 und 11 / Offenbarung 19,7–9.

7. Welche Bibelstellen fallen euch noch zu dem Gleichnis ein? Und welche Fragen sind euch im Gespräch darüber gekommen? Bitte schreibt mir das, damit ich von euch lernen kann.

22. Das Netzwerk

Mit was wollen wir das Reich Gottes heute vergleichen? Das Reich Gottes ist die Art und Weise, wie Gott mit den Menschen umgeht. Das passiert da, wo wir leben. Es ist mitten unter uns und will von dir entdeckt werden. Wenn du wissen willst, wie es ist, dann denk doch zum Beispiel mal an eine Gemeinschaft von Menschen in einem der modernen sozialen Netzwerke.

Einer von ihnen war einem raffinierten Internet-Betrüger auf den Leim gegangen. Der hatte ihn um so viel Geld betrogen, dass er weder Miete noch Essen und Trinken für seine Familie bezahlen konnte. Es drohte die private Insolvenz. Doch noch bevor die Bank das Geld von seinem Konto abbuchte, begegneten viele Menschen, die von seiner Not gehört hatten, dieser Herausforderung und wurden zu einer Gemeinschaft von Freunden. Diese Freunde in der Not legten innerhalb einer einzigen Woche so viel Geld zusammen, dass die Familie nach dem Betrug finanziell besser dastand als vorher.

Eine andere aus der Internet-Gemeinschaft geriet eines Nachts in eine depressive Phase und postete eine entsprechende Statusmeldung. Sofort meldeten sich einige Leute aus ihrem Netzwerk und begannen, sich ausgiebig mit ihr zu unterhalten. Merkwürdig war nur, dass einer der Freunde sich scheinbar recht schnell wieder aus dem Chat zurückgezogen hatte. Plötzlich postete sie, dass es an ihrer Haustür klingele und sie den Chat mal kurz unterbrechen müsse, um die Tür zu öffnen. Als das etwas länger dauerte, begannen die Freunde im Chat schon unruhig zu werden und fragten sich, ob irgendetwas geschehen sei, denn es war mittlerweile schon 02:00 Uhr. Aber nach zehn Minuten lasen sie dann die überglückliche und total überraschende Nachricht, dass derjenige, der den Chat schon so früh verlassen hatte, zusammen mit einer anderen Freundin, einer Pralinenschachtel und einer Flasche Wein vor der Tür gestanden hatte.

Wieder ein anderer sollte zwangsgeräumt werden und wusste nicht, wie er seinen ganzen Haushalt aus der Wohnung bekommen sollte. Innerhalb einer Stunde versammelten sich 33 Helfer vor seiner Haustür, die von seiner Situation auf Facebook gelesen hatten. Einer hatte einen Lieferwagen mitgebracht, ein anderer stellte seine Garage zur Verfügung und bei einem Dritten konnte er übergangsweise wohnen. So konnte der Zwangsräumung ein geordneter Auszug zuvorkommen.

Auch wenn die einzelnen Knotenpunkte im Netzwerk nicht jeden Tag etwas miteinander zu tun hatten, so trugen sie in den akuten Situationen doch dazu bei, dass das Netz einen Fallenden sicher auffangen konnte.

So ist das Reich Gottes auch und es ist noch ganz anders. Aber davon erzähle ich ein anderes Mal.

ZUM WEITERDENKEN

1. Beschreibt eure eigenen Erfahrungen mit dem Vergleich dieser Geschichte. Fühlt euch in die Situation des Gleichnisses ein und schaut, ob ihr mit euren eigenen Erfahrungen ebenfalls an das Reich Gottes andocken könnt.

2. Wo ist die Grenze, jenseits der deine Hilfsbereitschaft ausgenutzt wird? Gibt es diese Grenze überhaupt?

3. Bei welchen Hilfsanfragen in der Gemeinde möchtest du nicht mitmachen? Wann darfst du Nein sagen?

4. Setzt folgende Bibelstellen in Bezug zu dem Gleichnis: Apostelgeschichte 2,44–45 / 2. Korinther 8,7–14 / Jesaja 41,6 / 1. Korinther 12, 26–28.

5. Welche Bibelstellen fallen euch noch zu dem Gleichnis ein? Und welche Fragen sind euch im Gespräch darüber gekommen? Bitte schreibt mir das, damit ich von euch lernen kann.

23. Die Gebärmutter

Mit was wollen wir das Reich Gottes heute vergleichen? Das Reich Gottes ist die Art und Weise, wie Gott mit den Menschen umgeht. Das passiert da, wo wir leben. Es ist mitten unter uns und will von dir entdeckt werden. Wenn du wissen willst, wie es ist, dann denk doch zum Beispiel mal an eine Gebärmutter.

Es war dunkel, feucht und eng in dem Raum, in dem er vor sich hindämmerte. Aber er empfand es nicht als unangenehm. Er war zufrieden, fühlte sich geborgen und versorgt. Mit der Zeit spürte er, dass er wuchs. Es wurde immer enger und er merkte, dass es Zeit war, sich zu bewegen, um den Raum angenehmer ausfüllen zu können. Dann bewegte er sich abwärts. Und plötzlich kam eine erste große Herausforderung, die ihn gewaltig unter Stress brachte: Er wurde geboren.

Er presste sich durch den Geburtskanal. Aber sobald er draußen war und sich von dieser Anstrengung ausruhen wollte, merkte er, wie unangenehm kalt es doch in diesem neuen Raum war und wie beängstigend weit und groß alles erschien. Er spürte das erste Mal Hunger, denn es gab keine sofortige Versorgung. Er spürte das erste Mal einen Schmerz, denn jemand hatte ihn auf den Hintern geschlagen, und er weinte bitterlich. Dann wieder Geborgenheit, aber irgendwie anders als zuvor. Nun denn, besser als nichts. Er fühlte den Körper seiner Mutter. Er hörte liebevolle Worte und er hörte sie jetzt klarer und reiner, als er sie vorher gehört hatte, als er noch in dem dunklen Raum war.

Aber jetzt gibt es immer mehr Zeiten, in denen er allein ist. Er hat Hunger, er schreit, aber niemand kommt. Er wird allein gelassen und entwickelt Angst. Irgendwann bemerkt er eine Energie in sich, es ist Wut, Verzweiflung, Frustration, Aggression. Und er lernt, diese Aggression auszurichten, sie sinnvoll zu nutzen, sie in eine Bitte zu formen und auf seine Sehnsucht auszurichten, die Sehnsucht nach dem dunklen Raum und seiner Versorgung, seiner Sicherheit, seiner Geborgenheit. Er spricht sein erstes Gebet.

Dem folgen noch viele Herausforderungen und er wächst auch in dem hellen Raum und manchmal macht es ihm auch Freude. Aber die Sehnsucht bleibt.

So ist das Reich Gottes auch und es ist noch ganz anders. Aber davon erzähle ich ein anderes Mal.

ZUM WEITERDENKEN

1. Beschreibt eure eigenen Erfahrungen mit dem Vergleich dieser Geschichte. Fühlt euch in die Situation des Gleichnisses ein und schaut, ob ihr mit euren eigenen Erfahrungen ebenfalls an das Reich Gottes andocken könnt.

2. Wäre es nicht besser, mit der Bekehrung zu warten, weil das die Zeit ist, in der einem so viel Gutes in der Gemeinde widerfährt, wie anschließend nie wieder?

3. Setzt folgende Bibelstellen in Bezug zu dem Gleichnis: Johannes 3,3 / Philipper 1,21–24 / Kolosser 3,3.

4. Welche Bibelstellen fallen euch noch zu dem Gleichnis ein? Und welche Fragen sind euch im Gespräch darüber gekommen? Bitte schreibt mir das, damit ich von euch lernen kann.

24. Die Schulversammlung

Mit was wollen wir das Reich Gottes heute vergleichen? Das Reich Gottes ist die Art und Weise, wie Gott mit den Menschen umgeht. Das passiert da, wo wir leben. Es ist mitten unter uns und will von dir entdeckt werden. Wenn du wissen willst, wie es ist, dann denk doch zum Beispiel mal an die Schulversammlung kurz vor den Weihnachtsferien.

Es war Nikolaustag und der Schulsozialarbeiter sprach vor allen Schülern der Gesamtschule über gegenseitigen Respekt und die Suche nach Sinn. Solche Versammlungen gab es seit einigen Jahren an der Schule, seit es diesen furchtbaren Amoklauf gegeben hatte. Kevin, Fatima-Heike und Natascha fanden die Schulversammlungen immer besonders schön. Das war etwas Besonderes, was man sonst im Alltag nicht erleben konnte. Da waren mal alle zusammen, ohne dass es Stress gab, und außerdem fiel dafür immer irgendein langweiliger Unterricht aus. Gut, man musste auch zuhören und leise sein. Aber irgendwie verbreitete der Schulsozialarbeiter eine Atmosphäre, in der man sich angenommen und respektiert fühlen konnte, auch wenn man nicht seiner Meinung war.

Und in den Geschichten, die er erzählte, kamen immer wieder Leute vor, von denen sie so noch nie gehört hatten und die man bestimmt nicht in ihrer Siedlung treffen konnte. So einen wie z. B. diesen Nikolaus. Dessen Lebensmotto soll es gewesen sein, dass es wichtiger sei zu lieben, als im Besitz der Wahrheit zu sein, dass es wichtiger sei zu suchen, als sich permanent abzulenken, dass es wichtiger sei, anderen Respekt zu erweisen, als auf Gerechtigkeit zu bestehen. Das hätte der in Fatima-Heikes Viertel bestimmt nicht lange durchgehalten, flüsterte sie Kevin leise zu. Aber der Schulsozialarbeiter, der ihren Einwand doch gehört hatte, behauptete, der Nikolaus hätte in durchaus vergleichbaren Umständen gelebt und es trotzdem geschafft. Das ist beeindruckend.

Und Ibrahim, von den Juden und Christen Abraham genannt, wäre auch so einer gewesen. Das hatte er am Opferfest (einer der wichtigsten muslimischen Festtage) erzählt und die Schüler sollten sich mal vorstellen, Ibrahim würde neben ihnen in der Klasse sitzen, wie der sich da wohl verhalten würde – und dann sollten sie es nachmachen. Das war schon merkwürdig. Niemand den Kevin, Fatima-Heike und Natascha kannten, würde sich so verhalten.

Als sie einmal von 50 Leuten hörten, die freiwillig versuchten, mit bloßen Händen ein zerstörtes Atomkraftwerk zu retten, da konnten sie sich nur an die Stirn tippen und lachen. Warum sollte jemand so etwas tun? Aber wenn man sich die Atmosphäre in den Schulversammlungen anschaute, wo so viele unterschiedliche Jugendliche sich friedlich gemeinsam der Zukunft entgegenhofften, wäre man fast versucht, es für möglich zu halten. Und je mehr Schüler sich auf diese Experimente einließen, umso mehr fühlte man sich da einfach so mit hineingezogen.

Es gab jedenfalls nach den Schulversammlungen immer noch lange Gesprächsstoff, über den man sich sonst nie unterhalten würde. Und immer wieder drehte es sich um die Frage, wofür es sich überhaupt lohnt zu leben oder etwas zu tun. Kevin, Fatima-Heike und Natascha fühlten sich jedenfalls herausgefordert, sich mit anderen Menschen zusammen auf die Suche nach der Antwort zu begeben, egal, aus welchem religiösen Hintergrund sie kamen.

So ist das Reich Gottes auch und es ist noch ganz anders. Aber davon erzähle ich ein anderes Mal.

ZUM WEITERDENKEN

1. Beschreibt eure eigenen Erfahrungen mit dem Vergleich dieser Geschichte. Fühlt euch in die Situation des Gleichnisses ein und schaut, ob ihr mit euren eigenen Erfahrungen ebenfalls an das Reich Gottes andocken könnt.

2. Lest Apostelgeschichte 2,47b: „Der Herr aber tat täglich (Nochnichtchristen) hinzu, die (erst noch) gerettet werden sollten", und unterhaltet euch darüber, wie eine Gemeinde aussehen würde, in der das tatsächlich stattfinden würde.

Auch 4. Mose 15,15 und 16 gehört in diese Überlegungen hinein.

3. Was könnten andere Religionen im Licht von Offenbarung 21,23–27 schon heute in eure Gottesdienste einbringen?

4. Was hat euch am Christentum eigentlich fasziniert, als ihr damit in Berührung kamt?

5. Was ist für den konkreten Vollzug eurer Errettung verantwortlich? Argumente, Vorbilder, Atmosphäre oder eine Gottesbegegnung?

6. Welche Bibelstellen fallen euch noch zu dem Gleichnis ein? Und welche Fragen sind euch im Gespräch darüber gekommen? Bitte schreibt mir das, damit ich von euch lernen kann.

25. Die Abflughalle

Mit was wollen wir das Reich Gottes heute vergleichen? Das Reich Gottes ist die Art und Weise, wie Gott mit den Menschen umgeht. Das passiert da, wo wir leben. Es ist mitten unter uns und will von dir entdeckt werden. Wenn du wissen willst, wie es ist, dann denk doch zum Beispiel mal an die Abflughalle eines Flughafens.

Die Atmosphäre an diesem Ort ist eine ganz Besondere. Die Menschen kommen aus vielen unterschiedlichen Nationen. Man kann das Sprachengewimmel nicht verstehen, es höchstens anhand der Gestik und Mimik auslegen. Das Leben pulsiert in der Abflughalle, obwohl nicht alle Menschen dasselbe tun. Da sind einige, die in Ruhe warten, vielleicht sogar auf einem Wartesessel schlafen. Andere stehen stundenlang vor den Informationstafeln und studieren die Abflugzeiten. Andere wollen oder müssen schnell noch etwas erledigen und rennen suchend von einem Ende der Halle ans andere. Es gibt auch genügend Anlaufstellen, um noch in letzter Sekunde Dinge zu ordnen: Es gibt Banken, Telefonzellen, Postschalter, Toiletten und sogar eine Kirche. Und jede Menge Händler, die nicht verreisen wollen, bieten ihre Waren in den Läden an. Ein Mann überprüft ständig sein Gepäck und vergewissert sich, dass er sein Flugticket nicht verloren hat. Ein anderer hebt seinen Koffer hoch, versucht sein Gewicht abzuschätzen und hofft, dass er damit ohne Aufpreis durch den Check-In kommt.

Zwischendrin wird immer wieder alles von allgemeinen Lautsprecherdurchsagen übertönt: Jemand soll zu einem anderen Abflugort kommen. Eine Gruppe wird aufgerufen, sich zu beeilen, damit sie ihren Flug nicht verpasst. Und in einem anderen Flugzeug sind immer noch Plätze frei. Es gibt freudige Gesichter und traurige, je nachdem, ob man schon dran ist mit der Reise oder ob man noch warten muss und nur Abschied nimmt von einem anderen Reisenden. Am Gepäck kann man oft genug das Flugziel erraten und was die Menschen dort erwarten. Und das kann selbst in einer Warteschlange für dasselbe Flugziel ganz schön unterschiedlich sein. Was aber alle Menschen in der Abflughalle gemeinsam haben, ist die Sehnsucht danach, eine Welt zu verlassen und in eine andere Welt zu reisen.

So ist das Reich Gottes auch und es ist noch ganz anders. Aber davon erzähle ich ein anderes Mal.

ZUM WEITERDENKEN

1. Beschreibt eure eigenen Erfahrungen auf Flughäfen. Fühlt euch in die Situation der Geschichte ein und schaut, ob ihr mit euren eigenen Erfahrungen ebenfalls an das Reich Gottes andocken könnt.

2. Wenn du deine Gemeinde als Abflughalle beschreiben würdest, wie passend oder unpassend benehmen sich dann manche Leute?

3. Gibt es in deiner Gemeinde auch Leute, die gar nicht verreisen wollen? Woran mag das liegen?

4. Setzt folgende Bibelstellen in Bezug zu dem Gleichnis: Hiob 1,21 / Psalm 84,3 / 1. Mose 12,1 und 4 / Matthäus 24,42 und 44.

5. Welche Bibelstellen fallen euch noch zu dem Gleichnis ein? Und welche Fragen sind euch im Gespräch darüber gekommen? Bitte schreibt mir das, damit ich von euch lernen kann.

26. Das Gewitter

Mit was wollen wir das Reich Gottes heute vergleichen? Das Reich Gottes ist die Art und Weise, wie Gott mit den Menschen umgeht. Das passiert da, wo wir leben. Es ist mitten unter uns und will von dir entdeckt werden. Wenn du wissen willst, wie es ist, dann denk doch zum Beispiel mal an einen Spaziergang nach dem Gewitter.

Es ist an diesem Tag unglaublich drückend und schwül gewesen. Die Menschen sind durchgeschwitzt und lethargisch. Da tauchen am Himmel plötzlich dunkle Wolken auf. Von einem auf den anderen Moment hat man das Gefühl, als habe jemand das Licht ausgeknipst. Ein Dichter notiert sich noch schnell in sein Skizzenbuch: „Ein Regen fiel. Nun streicht ein Windesgähnen zum See hinab durch nasses Schilf und Erlen. Fern geht ein Klang: einst werden alle Tränen im himmlischen Jerusalem zu Perlen. Auf Wolkenfels, umblitzt von lichten Keilen, schwebt schon die Stadt des Heils in finstrer Bläue." Und dann brechen die Urgewalten los, es blitzt und donnert und regnet wie aus Eimern. Kein Mensch ist mehr auf der Straße zu sehen. Hinter Gardinen lugen neugierige Kinderaugen hervor und freuen sich über die schaurig-schöne Mischung aus Angst und Freude, die das Gewitter in ihnen auslöst.

Als es vorübergezogen ist, öffnen viele Menschen die Fenster und atmen tief ein. Der Geruch des durch das Gewitter entstandenen Ozons ist für viele angenehm. Man fühlt sich leichter und kann sogar einen kleinen Ozonrausch bekommen. Andere treten vor die Haustüre und gehen ein wenig spazieren unter einem fast goldenen Himmel. Das Licht ist ganz eigentümlich, klar und intensiv und mystisch zugleich. Vergessen sind die klebrigen Zeiten, in denen man sich nicht bewegen wollte. Jetzt ist es so, als wäre nach dem Chaos der

Urflut alles neu. Man fühlt sich wie am ersten Tag der Schöpfung und hätte eine frische Adam-und-Eva-Chance. Das Gewitter hat einen reinigenden Effekt auf die Welt und die, die darin wohnen.

So ist das Reich Gottes auch und es ist noch ganz anders. Aber davon erzähle ich ein anderes Mal.

ZUM WEITERDENKEN

1. Beschreibt eure eigenen Erfahrungen mit dem Vergleich dieser Geschichte. Fühlt euch in die Situation des Gleichnisses ein und schaut, ob ihr mit euren eigenen Erfahrungen ebenfalls an das Reich Gottes andocken könnt.

2. Setzt folgende Bibelstellen in Bezug zum Gleichnis: Jesaja 6,6–7 / Amos 5,18–20 / 1. Petrus 1,6–7.

3. Welche Bibelstellen fallen euch noch zu dem Gleichnis ein? Und welche Fragen sind euch im Gespräch darüber gekommen? Bitte schreibt mir das, damit ich von euch lernen kann.

27. Die Vogelperspektive

Mit was wollen wir das Reich Gottes heute vergleichen? Das Reich Gottes ist die Art und Weise, wie Gott mit den Menschen umgeht. Das passiert da, wo wir leben. Es ist mitten unter uns und will von dir entdeckt werden. Wenn du wissen willst, wie es ist, dann stell dir doch zum Beispiel mal vor, du könntest die Welt aus der göttlichen Vogelperspektive betrachten.

Ein Mann war seit Jahren mit Gott befreundet und die beiden redeten viel miteinander. Als der Mann einmal im Wald spazieren ging, bat er Gott: „Lass mich die Welt sehen, wie du sie siehst!" – „Das geht nicht", sagte Gott „Dazu müsstest du ich sein." – „Und in abgeschwächter Form, kannst du es mir nicht in abgeschwächter Form zeigen?" – „Auch das hältst du nicht aus." – „Bitte! Lass mich die Welt sehen, wie du sie siehst, aber so, dass ich es aushalte."

Da sah er plötzlich Tannenmeisen in den Zweigen nisten, hoch über sich, und er freute sich unbeschreiblich über die Tannenmeisen. Er hörte das friedliche Rauschen des Windes in den Baumwipfeln. Im Moos glitzerten Tautropfen. Käfer krabbelten über den Waldboden. Tief im Erdreich grub eine Maus ihre Gänge. Er war entzückt über die Maus und über die Würmer, nur, dass die Maus die Würmer fraß, versetzte ihm einen Stich. Ein Reh versteckte sich im Gebüsch, nicht weit weg von ihm. Er wollte es zu sich rufen und ihm über das Fell streicheln. „Das ist gar nicht schlecht", lachte er, „lass mich mehr sehen, ich verkrafte es!" – „Dann komm mit", sagte Gott.

Helles Licht blendete ihn. Er fand sich unvermittelt in einer Kleinstadt wieder und sah einen Mann, der eine Frau küsste, die nicht seine war. Es schmerzte ihn so sehr, dass er keine

Luft bekam. Die Frau des Küssenden war klug und gutherzig, warum liebte er diese andere, warum wollte er partout die Verbotene haben? Er machte sich das Leben kaputt und seine Frau saß zu Hause und weinte sich die Augen aus. Da war eine Jugendliche, die sich mit zitternden Fingern eine Kanüle zwischen die Zehen stach, sie weinte, sie wollte nicht mehr leben, nicht mehr süchtig sein. „Ich weiß einen Ausweg", rief er, „warte, tu es nicht!" Aber das Heroin floss in ihre Adern und das Weinen hörte auf, und er musste zusehen, wie ihr Leben zerbrach. „Gott", ächzte er. Eine alte Frau stahl im Kaufhaus, ein betrunkener Vater verprügelte seine Tochter, eine Mutter warf ihren Säugling fort. Ein Penner erfror auf der Parkbank. Ein Vierundzwanzigjähriger schlitterte mit seinem Motorrad aus der Kurve und krachte gegen einen Baum. Ein Mann entließ vierhundert Mitarbeiter und wurde reich, und jene hatten nichts mehr.

Dann war es ihm, als würde er sich selbst von außen sehen. Und er war traurig darüber, dass er blind war und taub war, dass er Dinge nicht sah, nicht staunte, obwohl es bestaunenswerte Dinge waren, nicht half, obwohl jemand in einer Notlage steckte. Tränen liefen ihm über die Wangen und er flüsterte: „Wie hältst du das aus?" – „Liebe", sagte Gott.

So ist das Reich Gottes auch und es ist noch ganz anders. Aber davon erzähle ich ein anderes Mal.

ZUM WEITERDENKEN

1. Beschreibt eure eigenen Erfahrungen mit dem Vergleich dieser Geschichte. Fühlt euch in die Situation des Gleichnisses ein und schaut, ob ihr mit euren eigenen Erfahrungen ebenfalls an das Reich Gottes andocken könnt.

2. Gott entgeht nichts, was auf der Welt geschieht. Wie hält er all das Böse aus? Warum verhindert er es nicht?

3. Wo sind auf der Erde noch Schönheiten übrig geblieben, wo erkennst du, dass Gott einmal alles wunderbar geschaffen hatte?

4. Gott greift ein, das kann jeder im Alltag erleben. Aber er tut es nicht immer, sonst blieben Christen von Krankheiten, Arbeitslosigkeit und Unfalltod verschont. Wie kann man sich auf Gott verlassen, wenn er nicht immer hilft?

5. Ist es unsere Aufgabe, auf das Schlechte hinzuweisen oder auf das Gute? Wann ist das eine notwendig, wann das andere?

6. Welche Bibelstellen fallen euch zu dem Gleichnis ein? Und welche Fragen sind euch im Gespräch darüber gekommen? Bitte schreibt mir das, damit ich von euch lernen kann.

28. Die Toilette

Mit was wollen wir das Reich Gottes heute vergleichen? Das Reich Gottes ist die Art und Weise, wie Gott mit den Menschen umgeht. Das passiert da, wo wir leben. Es ist mitten unter uns und will von dir entdeckt werden. Wenn du wissen willst, wie es ist, dann denk doch zum Beispiel mal an eine Toilette.

Nicht viele Menschen reden gerne darüber. Aber wenn du Magen- und Darmprobleme hast, dann ist dieser Ort die Rettung. Niemand muss dich davon überzeugen, du weißt es einfach. Du scheust keine Kosten und Mühen, um endlich zu diesem Ort zu gelangen. Manchmal ist die Toilette endlich und ein anderes Mal in letzter Sekunde deine Rettung. Du spürst die Befreiung ganz unvermittelt und du atmest erleichtert auf. Wie sehnsüchtig hast du auf eine befreiende Sitzung auf der Toilette gewartet, als du das letzte Mal Verstopfung hattest? Die ursprünglich guten Nährstoffe in deinem Darm verloren ihren Sinn, verhärteten immer mehr und entwickelten sich zu schmerzhaft drückendem Ballast. Je länger sie sich im Darm befinden, desto mehr vergiften die festsitzenden Verdauungsabfälle dann deinen Körper und bereiten dir erhebliche Kopfschmerzen. Nährstoffe müssen ernähren, und wenn sie daran gehindert und nur angehäuft werden, dann bewirken sie alsbald das Gegenteil ihrer ursprünglichen Bestimmung. In diesen Zeiten ist Loslassen das Thema der Toilette.

Und wie sehnsüchtig hast du nach der nächsten Toilette gesucht, als du Durchfall hattest? Bakterien und Viren hinderten deinen Darm daran, die guten Nährstoffe zu extrahieren und für deinen Körper verfügbar zu machen. Und alles, was in den Körper hineinkommt, will ihn explosionsartig sofort wieder in flüssiger Form verlassen. Wenn du da nicht sofort eine Toilette findest, bist du verloren. Und je länger du unter Durchfall leidest, desto mehr mergelt auch dein Körper aus, weil ihm Wasser (des Lebens) und das Salz (der Erde) fehlen. In diesen Zeiten ist Festhalten das Toilettenthema Nummer eins.

Wenn du dann in deiner Not eine Toilette erreicht hast, dann bist du auf der Toilette in der Regel allein und brauchst auch keine Rücksicht mehr zu nehmen. Du musst deinen Schmerz und dessen Auswirkungen nicht mehr unterdrücken. Die Toilette ist wie ein eigener kleiner Kosmos, für einen Augenblick ist alles andere draußen mal vergessen und es geht nur noch darum, die ganze Scheiße hinter sich zu lassen. Danach wird abgespült und alles ist weg. Es ist gerade so, als wäre es nie da gewesen. Und du bist offen dafür, neue Nahrung zu dir zu nehmen und zu verstoffwechseln.

So ist das Reich Gottes auch und es ist noch ganz anders. Aber davon erzähle ich ein anderes Mal.

ZUM WEITERDENKEN

1. Beschreibt eure eigenen Erfahrungen mit dem Vergleich dieser Geschichte. Fühlt euch in die Situation des Gleichnisses ein und schaut, ob ihr mit euren eigenen Erfahrungen ebenfalls an das Reich Gottes andocken könnt.

2. Hast du schon einmal gebeichtet oder auf andere Weise geistliche Befreiung erfahren? Wie würdest du das Gefühl beschreiben, das diese Erfahrung in dir ausgelöst hat?

3. Setzt folgende Bibelstellen in Bezug zu dem Gleichnis: Micha 7,19 / Jesaja 1,18 / 1. Johannes 1,9.

4. Welche Bibelstellen fallen euch noch zu dem Gleichnis ein? Und welche Fragen sind euch im Gespräch darüber gekommen? Bitte schreibt mir das, damit ich von euch lernen kann.

29. Die Supermarktkassenschlange

Mit was wollen wir das Reich Gottes heute vergleichen? Das Reich Gottes ist die Art und Weise, wie Gott mit den Menschen umgeht. Das passiert da, wo wir leben. Es ist mitten unter uns und will von dir entdeckt werden. Wenn du wissen willst, wie es ist, dann denk doch zum Beispiel mal an den Supermarkt um die Ecke und die vielen Kassen, an denen man da anstehen kann.

Wenn du alles eingekauft hast, was du brauchst, stellst du dich an einer der Kassen an, um zu bezahlen. Und dann steht man da und wartet. Der Fluss der Zeit wird zu solchen Gelegenheiten ja plötzlich immer zähflüssiger. Dann und wann fischst du noch Treibgut aus den langsam vorbeiziehenden Regalen heraus. Aber im Prinzip ist der Einkaufswagen voll und du willst deine Waren nur noch schnell nach Hause bringen. Doch du musst ja warten, und die Wartezeit will irgendwie gefüllt werden, damit du nicht verrückt wirst.

In Gedanken stellst du dir vor, was du alles mit den Sachen anstellen wirst, die du eingekauft hast. Aber dazu müsstest du erst einmal draußen sein. Das bringt also auch keine Erleichterung. Irgendwann schweifen deine Gedanken und Blicke umher und du fängst an, in die Einkaufswagen der anderen zu schauen. Was die wohl damit machen werden, mit so einer exotischen Zusammenstellung von Artikeln? Zu gerne wäre man doch manchmal Mäuschen und würde beobachten, wie deren Abendessen oder das Frühstück wohl aussehen mögen. Aber sich einfach dazu einzuladen, wie dieser Jesus das mal seinerzeit gemacht hat, das wäre dann wohl doch etwas zu aufdringlich. So lächelst du oder senkst schnell den Blick, die Gelegenheit zur Kontaktaufnahme ist vorbei und du wartest wieder allein.

Zwischendurch kommt auch in jeder Wartezeit unweigerlich die Überlegung, ob man sich nicht lieber an einer anderen Kasse anstellen sollte, weil dort die Schlange kürzer ist. Aber dann fällt dir wieder die Untersuchung ein, von der du gelesen hast, und du entschließt dich, doch zu bleiben. Die Wartezeit an der eigenen Kassenschlange fühlt sich nach dieser Untersuchung immer drei Mal so lange an, wie sie in Wirklichkeit ist. Und die Chance, woanders schneller dranzukommen, beträgt nur 50 Prozent, unabhängig davon, ob die andere Warteschlange kürzer oder länger als die eigene ist. Also bleibst du in deiner eigenen Warteschlange stehen und wartest darauf, zu bezahlen. Der Zeitpunkt wird ganz bestimmt kommen.

Aber was könnte man alles bis dahin anfangen? Du beginnst, dir Spiele auszudenken, die man in einer Schlange oder sogar schlangenübergreifend spielen könnte. Dann listest du innerlich Gesprächsthemen auf, über die du dich mit den Leuten in deiner Schlange unterhalten könntest. Das ist wirklich prima, weil die Zeit dabei tatsächlich ein wenig schneller zu vergehen scheint. Aber man will ja wirklich nicht aufdringlich sein, und so tust du letztendlich nichts, bis du endlich an der Reihe bist, zu bezahlen. Und draußen auf dem Parkplatz hast du beim Einpacken all deine Ideen schon wieder vergessen, damit sie dir in der nächsten Warteschlange wieder einfallen können, um die Zeit zu verkürzen.

So ist das Reich Gottes auch und es ist noch ganz anders. Aber davon erzähle ich ein anderes Mal.

ZUM WEITERDENKEN

1. Beschreibt eure eigenen Erfahrungen mit dem Warten. Fühlt euch in die Situation der Geschichte ein und schaut, ob

ihr mit euren eigenen Erfahrungen ebenfalls an das Reich Gottes andocken könnt.

2. Stell dir vor, jemand würde seine Ideen zur Verkürzung der Wartezeit in der Schlange tatsächlich umsetzen. Wie würden die Leute darauf wohl reagieren?

3. Wie füllt man die Wartezeit in deiner Gemeinde aus?

4. Setzt folgende Bibelstellen in Bezug zu dem Gleichnis: Offenbarung 22,12 und 20 / 1. Korinther 15,51 / Epheser 5,15–16.

5. Welche Bibelstellen fallen euch noch zu dem Gleichnis ein? Und welche Fragen sind euch im Gespräch darüber gekommen? Bitte schreibt mir das, damit ich von euch lernen kann.

30. Der Panzer

Mit was wollen wir das Reich Gottes heute vergleichen? Das Reich Gottes ist die Art und Weise, wie Gott mit den Menschen umgeht. Das passiert da, wo wir leben. Es ist mitten unter uns und will von dir entdeckt werden. Wenn du wissen willst, wie es ist, dann denk doch zum Beispiel mal an einen Panzer.

Fatima-Heike ist ihrem Freund Adolf zuliebe am letzten Wochenende ins Museum gegangen. Da gab es so eine Militärsonderausstellung mit Panzern und Adolf steht auf so was. Als sie in einer großen Halle vor einem dieser stählernen Ungetüme stehen, muss Fatima-Heike kichern. „Das ist nicht zum Kichern!", sagt Adolf entrüstet. „Der ist gewaltig, 60 Tonnen schwer und ganz schön gefährlich." – „Naja, zumindest für die, die draußen vor ihm weglaufen", sagt Fatima-Heike immer noch glucksend. „Nein, ich musste nur so kichern, weil ich mich an die Schule erinnert habe. Unser Ethiklehrer macht doch gerade das Thema, wie man sich das Reich Gottes vorstellen kann. Und neulich fing er eben so an und hat gesagt: Mit was wollen wir das Reich Gottes diesmal vergleichen? Das Reich Gottes ist wie ein Panzer. Es ist manchmal gewaltig und Furcht einflößend für diejenigen, die nicht im Inneren sitzen. Genau so, wie du es eben gesagt hast, Adolf. Aber wenn einer in einem Panzer sitzt, hab ich mir dann gedacht, dann ist er hinter einer Verbundpanzerung der neuesten Generation sicher. So stand es jedenfalls in dem Prospekt, den unser Ethiklehrer uns ausgeteilt hat. Weder Minen von unten noch Bomben von oben können dem etwas anhaben, der sich dem Schutz des Panzers anvertraut. Und dann ist er eben nicht mehr Furcht einflößend, sondern wie ein Zuhause, oder wie wenn ich in deinen Armen schnurre, mein lieber Adolf."

Fast versöhnt lächelt Adolf, nimmt Fatima-Heike in den Arm und spinnt den Faden fort: „Ja, schnurr du nur, meine Liebste. Doch Vorsicht! Das Knurren dieses Motors und das

Knarzen der Ketten kündigt den Panzer zwar an, wie das noch weit entfernte Donnergrollen des Jüngsten Gerichts. Aber man wird von seiner Ankunft leicht überrascht. Denn trotz seines tonnenschweren Gewichts erreicht der Panzer eine beachtliche Geschwindigkeit. Dazu verhelfen ihm diese Gleisketten hier, die eine möglichst große Bodenauflagefläche herstellen. Schau dir das ruhig mal genauer an. Durch die Verbreiterung wird das Gewicht für den Untergrund erträglicher verteilt. Außerdem kann die reichlich vorhandene Antriebsleistung mit mehr Bodenberührung schneller in größere Beschleunigung umgesetzt werden. Vor allem ist er wendiger und beweglicher, als man es ihm bei einer Länge von fast acht Metern und mit den vielen Unförmigkeiten und Aufbauten zutraut. Nicht umsonst werden Panzer mit den Namen von Raubkatzen belegt, Tiger, Panther, Leopard, Gepard, Luchs und dergleichen mehr. Dabei pflügt er durch Wasserlöcher ebenso wie über Sanddünen und durch unwegsames Gestrüpp."

„Genau!", klatscht da Fatima-Heike begeistert in die Hände. „Das hat mir am besten gefallen bei diesem ganzen Vergleich von unserem Ethiklehrer. Auch das Reich Gottes kann in voller Fahrt alles hinwegfegen, was dem Leben im Weg steht, hat er gesagt. Keine trennenden Zäune oder einengenden Mauern können es aufhalten, keine dogmatischen Prachtbauten können es ausbremsen. Mit seinen Kanonen werden Schlupflöcher in Bollwerke geschossen und alles, was sich dem Leben entgegenstellt, zerstört. Der Panzer ist das offensive Rückgrat des guten Kampfs des Glaubens hier auf der Erde."

Nachdenklich stehen Fatima-Heike und Adolf noch eine ganze Weile vor dem Panzer. Sie finden es schade, dass man solch praktische Vergleiche so selten hört. Und noch weniger fiel ihnen jemand ein, der so etwas schon einmal erlebt hatte. Dabei hätten sie es zu gerne einmal ausprobiert ...

So ist das Reich Gottes auch und es ist noch ganz anders. Aber davon erzähle ich ein anderes Mal.

ZUM WEITERDENKEN

1. Beschreibt eure eigenen Erfahrungen mit der Sicherheit, die das Reich Gottes gibt, und dem Zorn Gottes allem gegenüber, das sich gegen das Leben richtet. Fühlt euch in die Situation der Geschichte ein und schaut, ob ihr mit euren eigenen Erfahrungen ebenfalls an das Reich Gottes andocken könnt.

2. Lasst einmal die durchaus kriegerischen Bilder folgender Bibelstellen auf euch wirken:

Psalm 68,2, 3 und 18 / Jesaja 66,15 und 16 / Psalm 104,3 / Jesaja 25,4 und 5 / Psalm 137,8 und 9 / Matthäus 11,12.

3. Welche Erfahrungen oder welche Sehnsüchte aus eurem Glaubensalltag kommen da hoch?

4. Darf man in einem Zeitalter der weltweiten Kriege solche Vergleiche verwenden?

5. Welche Bibelstellen fallen euch noch zu dem Gleichnis ein? Und welche Fragen sind euch im Gespräch darüber gekommen? Bitte schreibt mir das, damit ich von euch lernen kann.

31. Die ICE-Fahrt

Mit was wollen wir das Reich Gottes heute vergleichen? Das Reich Gottes ist die Art und Weise, wie Gott mit den Menschen umgeht. Das passiert da, wo wir leben. Es ist mitten unter uns und will von dir entdeckt werden. Wenn du wissen willst, wie es ist, dann denk doch zum Beispiel mal an eine Zugfahrt in einem ICE.

Das Ganze ist in Bewegung, aber man selbst hat das Gefühl, angekommen zu sein und gemütlich auf seinem Platz zu sitzen. Alle Passagiere atmen tief durch, wenn der Zug sich in Bewegung gesetzt hat, und lehnen sich zurück. Endlich muss man nicht mehr dem Ziel des Lebens hinterherjagen. Wohl hat man es immer noch beständig vor Augen, es steht ja am Wagenende groß angeschrieben, aber der Stress, es vielleicht nicht erreichen zu können, wird von der Gewissheit des Zuges abgelöst. Draußen sieht man die Landschaften vorbeifliegen, aber drinnen wird niemand mehr davon betroffen. Kein Reisender spürt den Fahrtwind und es ist ganz ruhig. In den alten Zügen hatte man noch das Gefühl, dass sich etwas bewegt, denn es war laut und ruckelte gewaltig hin und her. Die neuen Züge fahren schneller und erschütterungsfrei.

Manche Menschen verlassen den Zug noch nicht einmal mehr, um zu arbeiten, sie haben ihre Computer und Handys einfach im ICE angeschlossen und sind so auch während der Zugfahrt eigentlich immer noch im Büro. Die Außenwelt kommt nur noch an Bahnhöfen in den Zug hinein, wenn neue Mitreisende einsteigen. Bahnhöfe kann man sich auch schon mal genauer ansehen, weil der Zug dann mal stillsteht. Viele Menschen laufen dort herum und suchen die Züge, die zu ihren Zielen fahren. Und wenn mal keine Menschenseele an einem Bahnhof zu sehen ist, haben die Zugreisenden das Gefühl, an einem gottverlassenen Ort zu sein. Aber auch an den Bahnhöfen hat man kaum Zeit hinauszugehen und sich umzuschauen, weil der Zug ja schon wieder weiterfährt.

Die neuen Leute, die zugestiegen sind, tragen noch den Stress der Außenwelt mit sich, sie drängeln und schubsen, versuchen sich zu orientieren, suchen ihren Platz und verbreiten Unruhe. Deswegen werden sie nicht immer freundlich von denen empfangen, die schon länger im Zug sitzen. Manchmal gibt es dann dazu auch noch einen Personalwechsel. Ein kritischer Moment, denn die neuen Schaffner wollen noch einmal deine Fahrkarte sehen. Und irgendwie hat man dabei so ein komisches Gefühl, weil man sie ja schon längst den alten Schaffnern vorgezeigt hatte: „Hält der mich etwa für einen Schwarzfahrer? Mich, der seit Anfang an in diesem Zug sitzt?"

Aber auch das geht vorbei. Der Zug rollt unermüdlich weiter. Mit der Zeit wird man immer mehr zu einem Teil des Zuges und seiner Innenwelt. Man meint fast schon, eine Beziehung zu einigen Mitreisenden aufgebaut zu haben, aber da steigen sie schon an der nächsten Station wieder aus. Manchmal ist das ein durchaus schmerzhafter Moment. Aber auch das geht vorbei. Die Fahrt des Zuges kannst du nicht beeinflussen und das einzig Wichtige ist doch, dass der Zug mit dem Großteil seiner Passagiere das Ziel seiner Reise planmäßig erreicht.

So ist das Reich Gottes auch und es ist noch ganz anders. Aber davon erzähle ich ein anderes Mal.

ZUM WEITERDENKEN

1. Beschreibt eure eigenen Erfahrungen mit dem Vergleich dieser Geschichte. Fühlt euch in die Situation des Gleichnisses

ein und schaut, ob ihr mit euren eigenen Erfahrungen ebenfalls an das Reich Gottes andocken könnt.

2. Wie könnten die Reisenden im Zug Menschen aus der Außenwelt auf ihren Zug aufmerksam machen?

3. Setzt die Bibelstellen Hebräer 13,14; Psalm 144,2 und Jesaja 33,16 in Beziehung zu dem Gleichnis und unterhaltet euch über die Vor- und Nachteile einer solchen Betrachtungsweise des Reiches Gottes.

4. Welche Bibelstellen fallen euch noch zu dem Gleichnis ein? Und welche Fragen sind euch im Gespräch darüber gekommen? Bitte schreibt mir das, damit ich von euch lernen kann.

32. Palliativmedizin

Mit was wollen wir das Reich Gottes heute vergleichen? Das Reich Gottes ist die Art und Weise, wie Gott mit den Menschen umgeht. Das passiert da, wo wir leben. Es ist mitten unter uns und will von dir entdeckt werden. Wenn du wissen willst, wie es ist, dann denk doch zum Beispiel mal an eine Palliativstation.

Die Umgebung ist angenehm gestaltet, es ist ruhig, leise Musik rieselt aus den Deckenlautsprechern. An den Wänden hängen bunte Gemälde mit sanften Formen und Farben. Das Personal trägt meistens ein Lächeln auf dem Gesicht und ist 24 Stunden lang verfügbar. Trotz des Sterbens scheint hier der Tod nicht präsent zu sein. Die Menschen sitzen, stehen oder liegen wartend in den Gängen oder auf ihren Zimmern.

Wenige schlurfen langsam und bedächtig ihrer Wege. Der Tod wird immer langsamer, je länger man lebt. Aber wie das Personal, so tragen auch die Patienten immer öfter ein Lächeln im Gesicht.

In der Palliativmedizin geht es nicht mehr um Therapien, sondern darum, die Schmerzen zu lindern und den Menschen ein möglichst angenehmes Körpergefühl zu geben. Fatima-Heike saß leise lächelnd in einem Sessel mit Blick auf den zehn Meter hohen Feigenbaum im Garten. Sie erinnerte sich noch daran, wie er gerade gepflanzt worden war, als sie mit zwölf Jahren wegen einer Blinddarmoperation hier im Krankenhaus gewesen war. Das war jetzt schon 80 Jahre her.

Fatima-Heike konnte sich nicht mehr an alles erinnern, aber sie hatte das Gefühl, grundlegend ein schönes Leben gelebt zu haben. Und die unangenehmen Erlebnisse waren wohl mit einem Schleier der Barmherzigkeit zugedeckt worden. Fatima-Heike war sehr froh, vor drei Jahren einen Platz auf dieser Palliativstation bekommen zu haben, denn die Schmerzen waren zum Schluss doch kaum noch auszuhalten gewesen, aber auch die ständigen „Zuwendungen" der Ärzte und Verwandten. Jetzt war sie hier und durfte erfahren, dass unnötige Schmerzen, angstbesetzte Atemnot oder quälende Übelkeit vermieden oder gelindert werden konnten. Endlich keine Versuche mehr, keine lebenserhaltenden Maßnahmen, kein An-einem-Herumdoktern, sondern alles wurde schön gemacht. „Es wird darauf geachtet, dass es mir gut geht", erzählte sie ihren Enkeln immer, wenn die mal zu Besuch kamen und sie ihre Schwierigkeiten bemerkte, mit ihrem Sterben umzugehen. „Die Atmosphäre ist angenehm, man bekommt Schmerzmittel, es wird nicht mehr von einem erwartet, dass man irgendwelche Schmerzen aushält, und Belastungen werden weitestgehend von einem ferngehalten. Was will man mehr?" Und manchmal versuchten ihre Enkel dann sogar, ihr Lächeln zaghaft zu teilen.

So ist das Reich Gottes auch und es ist noch ganz anders. Aber davon erzähle ich ein anderes Mal.

ZUM WEITERDENKEN

1. Beschreibt eure eigenen Erfahrungen mit dem Vergleich dieser Geschichte. Fühlt euch in die Situation des Gleichnisses ein und schaut, ob ihr mit euren eigenen Erfahrungen ebenfalls an das Reich Gottes andocken könnt.

2. Wenn in der Gemeinde das Gefühl erzeugt wird, dass alles gut ist, verhindert das dann die Bereitschaft, sich mit dem Tod und dem, was danach kommt, auseinanderzusetzen? Und verhindert es den Willen zur Veränderung?

3. Brauchen die Christen den Leidensdruck, um zu wachsen? Sind Menschen tatsächlich „Schmerzlerner"?

4. Setzt folgende Bibelstellen in Bezug zu dem Gleichnis: Jesaja 61,1–3 / Römer 8,18 / Psalm 107,35–39 .

5. Welche Bibelstellen fallen euch noch zu dem Gleichnis ein? Und welche Fragen sind euch im Gespräch darüber gekommen? Bitte schreibt mir das, damit ich von euch lernen kann.

Wie Jesus Geschichten erzählt

Zum Schluss will ich deinen Blick noch einmal darauf lenken, wie Jesus selber Geschichten erzählt hat. Welche Bestandteile hatte er zur Verfügung, um sie zu einer schmackhaften Geschichte zu verarbeiten? Wie können wir das nachahmen? Nicht immer wird uns das so genial gelingen, wie Jesus, aber immer öfter. Denke mal an den Mann, der zwei Musiker im Hyde-Park fragt, wie man zur Royal Albert Hall kommt. Sie antworten: „Viel üben, Mann, ganz viel üben."

Nicht immer haben wir so passende Vergleiche zur Hand, wie wir sie aus den Jesusgeschichten kennen. Manchmal liegt vielleicht nur eine leere Packung Kopfschmerztabletten auf dem Tisch. Dann greifst du zu und fängst an:

„Mit was wollen wir das Reich Gottes heute vergleichen? Das Reich Gottes ist die Art und Weise, wie Gott mit den Menschen umgeht. Das passiert da, wo wir leben. Es ist mitten unter uns und will von dir entdeckt werden. Wenn du wissen willst, wie es ist, dann denk doch zum Beispiel mal an diese Kopfschmerztabletten hier. Du hast sie genommen, weil du Kopfschmerzen hattest, und nicht, weil du so gerne Medikamente lutschst. Deswegen konntest du den anfänglich bitteren Geschmack auch überwinden. Dann haben sich die Tabletten ganz schnell aufgelöst und sich mit deinem Körper verbunden. Und wenig später haben sie dich von deinen Kopfschmerzen erlöst. So ist das Reich Gottes auch."

Was machte Jesus, um seine Botschaft den Menschen vor Augen zu führen?

In seinen Geschichten gibt es *Identifikationsfiguren.* „Der Zöllner aber stand weitab und wollte sogar die Augen nicht aufheben zum Himmel, sondern schlug an seine Brust und sprach: Gott, sei mir, dem Sünder, gnädig!" (Lukas 18,13)

Der Zuhörer fühlt sich ein, weil er sich *Sinneserfahrungen* vorstellen kann. Genauso hier: „Die Hunde kamen und leckten seine Geschwüre." (Lukas 16,21)

Dialoge stellen die Sichtweisen der Beteiligten lebendig heraus. „Diese Leute haben nur eine Stunde gearbeitet, und du zahlst ihnen dasselbe wie uns. Dabei haben wir uns den ganzen Tag in der brennenden Sonne abgerackert!" (Matthäus 20,11 und 12, übersetzt von M. W.)

Jesus erzählt in seinen Gleichnissen von *Gefühlen,* die wir kennen und deshalb mitempfinden. „Der Verwalter aber sprach bei sich selbst: Was soll ich tun? Denn mein Herr nimmt mir die Verwaltung ab. Graben kann ich nicht, zu betteln schäme ich mich." (Lukas 16,3)

Jesus erzählt aus dem *Alltag der Zuhörer,* er holt sie auf vertrautem Gebiet ab. „Die Schafe hören seine Stimme, und er [der Hirte] ruft die eigenen Schafe mit Namen und führt sie heraus." (Johannes 10,27, übersetzt von M. W.)

Und jetzt wünsche ich dir viel Spaß beim Erfinden, Üben und Erzählen, bis wir uns dermaleinst auf dem ewigen Geschichtenerzählerfestival in der Royal Jesus Hall treffen.

Dein eigenes Gleichnis

So, jetzt wird es Zeit, dass du es praktisch einmal ausprobierst und ein eigenes Gleichnis erzählst. Dazu laden dich die folgenden Seiten ein.

Mit was wollen wir das Reich Gottes vergleichen? Das Reich Gottes ist die Art und Weise, wie Gott mit den Menschen umgeht. Und wenn du wissen willst, wie das ist, dann denk doch zum Beispiel mal an …

So ist das Reich Gottes auch und es ist noch ganz anders. Denk dir ruhig weitere Gleichnisse aus.

ZUM WEITERDENKEN

1. Beschreibt eure eigenen Erfahrungen mit dem Vergleich dieser Geschichte. Fühlt euch in die Situation des Gleichnisses ein und schaut, ob ihr mit euren eigenen Erfahrungen ebenfalls an das Reich Gottes andocken könnt.

2. …

3. …

4. Welche Bibelstellen fallen euch zu dem Gleichnis ein?

5. Welche Fragen fallen euch für ein Gespräch über das Gleichnis ein?

NACHWORT.
EINE NACHT AM STRAND

Doch wir werden diesen Weg zu Ende geh'n
Und ich weiß, wir werden die Sonne seh'n
Wenn die Nacht am tiefsten ist,
ist der Tag am nächsten

(Ton Steine Scherben,
Wenn die Nacht am tiefsten ist,
ist der Tag am nächsten)

Nach einem Tag am Strand gibt es in jeder durchgemachten Nacht einen Moment, in dem alle Schönheit verschwunden ist. Die Wärme des Tages, die Erinnerung an die Sonne, das sanfte Licht des Mondes sind verschwunden und machen Platz für das, was sich mit Macht in den Vordergrund drängt: Müdigkeit und Kälte. Das Lagerfeuer ist heruntergebrannt, es ist auch kein Holz mehr zum Nachlegen da und ich bin zu müde, um Neues zu suchen. Der See, an dem ich gerade wundervolle Stunden verbracht habe, strahlt jetzt Kälte aus und ich friere. Und beginne mich zu fragen, warum ich eigentlich nicht nach Hause fahre ins Warme.

Ich wollte am See sitzen, bis das erste Licht des neuen Tages seine Strahlen auf die Wasseroberfläche schickt. Aber jetzt bin ich nur noch müde, bleiern. Wie bin ich überhaupt auf diese dämliche Idee gekommen, die Nacht am See zu verbringen? Wieso schlafe ich nicht, wie andere Menschen auch?

Etwas in mir wehrt sich entschieden gegen diesen Gedanken. Und flüstert mir zu, dass es kurz vor dem neuen Tag am dunkelsten ist. Wenn alle Lichter der Nacht weitergezogen sind, ist das Licht des Tages schon ganz nahe. Merkwürdigerweise fühlt sich das ganz und gar nicht so an. Ich bin von

Kälte und Dunkelheit umgeben. Aber ich weiß, dass die Sonne da ist, auch wenn ich sie noch nicht sehe. Ich weiß, dass diese Nacht irgendwann enden wird. Ich weiß, dass ein neuer Tag anbrechen wird. Und schon durch die Erinnerung an die Sonne friere ich ein bisschen weniger.

Das ist die Kraft von inneren Bildern. Mögen die Bilder aus diesem Buch Kraft entfalten und in deinem Leben Glaube, Liebe und Hoffnung wachsen lassen!

Mai 2012, Kathrin Höhl

Die Bibelstellen sind, soweit nicht anders gekennzeichnet, der Rev. Elberfelder Bibel entnommen.

Für alle, die mehr über den Autor erfahren oder auch Kontakt zu ihm aufnehmen wollen: www.mickeywiese.de